Rigby On Our Way to English

Home-School Connection Masters

Grade 1

Contents

Introduction

Involving Families in Your Classroom 4

How to Use the Home-School
Connection Masters 7

Unit 1 **School Days**

Family Letters

    English .8

    Spanish 9

    Vietnamese 10

    Hmong 11

    Cantonese 12

    Haitian Creole 13

    Korean 14

    Cambodian 15

Home Activity—School Tool Roundup 16

Home Activity—Look Out the Window 17

Unit 2 **Welcome to My World**

Family Letters

    English 18

    Spanish 19

    Vietnamese 20

    Hmong 21

    Cantonese 22

    Haitian Creole 23

    Korean 24

    Cambodian 25

Home Activity—Family Pictures 26

Home Activity—My Grandmother's Hands . .27

Unit 3 **Neighborhood News**

Family Letters

    English 28

    Spanish 29

    Vietnamese 30

    Hmong 31

    Cantonese 32

    Haitian Creole 33

    Korean 34

    Cambodian 35

Home Activity—When I Grow Up 36

Home Activity—Good News 37

Unit 4 **Weather Wonders**

Family Letters

    English 38

    Spanish 39

    Vietnamese 40

    Hmong 41

    Cantonese 42

    Haitian Creole 43

    Korean 44

    Cambodian 45

Home Activity—Watching the Weather . . .46

Home Activity—What is the
Weather Outside? 47

Unit 5 | **Animals and Their Homes**

Family Letters

    English .48

    Spanish .49

    Vietnamese 50

    Hmong .51

    Cantonese 52

    Haitian Creole 53

    Korean .54

    Cambodian 55

Home Activity—Animal Search Game 56

Home Activity—Mother Duck's Walk 57

Unit 6 | **Away We Grow**

Family Letters

    English .58

    Spanish .59

    Vietnamese 60

    Hmong .61

    Cantonese 62

    Haitian Creole 63

    Korean .64

    Cambodian 65

Home Activity—Memories About Me 66

Home Activity—Little Kitten, Big Cat 67

Unit 7 | **Taking Care**

Family Letters

    English .68

    Spanish .69

    Vietnamese 70

    Hmong .71

    Cantonese 72

    Haitian Creole 73

    Korean .74

    Cambodian 75

Home Activity—How I Stay Safe
and Healthy .76

Home Activity—Just Like Me! 77

Unit 8 | **Big Beautiful Earth**

Family Letters

    English .78

    Spanish .79

    Vietnamese 80

    Hmong .81

    Cantonese 82

    Haitian Creole 83

    Korean .84

    Cambodian 85

Home Activity—We Need Nature 86

Home Activity—Tran and the
Beautiful Tree 87

Contents

Involving Families in Your Classroom

The Child's First Teachers

Children learn skills, values, and traditions long before they ever enter the classroom. The first teachers in a child's life—parents, caregivers, and other family members—have the most influence on a child's success in school.

Research has shown that home involvement in school is a greater indicator of students' academic success than any other socioeconomic factor. Family involvement in the classroom and school demonstrates to children the importance of learning. Clearly, the education of children is a collaborative effort between the school and family. To facilitate family involvement, you can choose from a variety of strategies and activities.

Communicating with Families

In your role as teacher of English and literacy, you communicate the importance of learning English to children. As you plan ahead for the unique academic needs of your English language learners, plan ahead for communicating with their parents. Use these approaches to help your students understand that their home language is important and valuable as well.

Language Families of English language learners may have limited English ability. It is important for parents to encourage their children in English language acquisition while maintaining the home language. You can reinforce the value of the home language when communicating with parents.

- Send home information to families in the home language.

- Have bilingual aides call parents to personally invite them to meetings.

- Offer translation assistance appropriately and with sensitivity to the parents' role. The child should not be asked to translate in meetings with parents, and family members should not translate when information such as school performance is discussed.

Cultural Differences Gestures, eye contact, and social customs may be interpreted in different ways by people unfamiliar with a particular culture. Misunderstandings that often occur between parents or caregivers of English language learners and the school can be avoided when administrators and teachers learn about cultural differences. For example, when parents from some cultural backgrounds nod or say yes, they may not mean agreement; the parents may simply be saying that they understand what is said. Asking parents "Do you agree?" or "What do you think?" can help avoid misunderstanding.

Families from other cultures may feel that it is their role to provide their children with a moral education and it is the teacher's role to provide an academic education. In some Asian cultures, families may feel that any involvement in school would show disrespect for the teacher. These parents may seem more reserved or distant in their meetings with you, but this communication style should not be interpreted as a lack of interest in their child's education. Parents from cultures that traditionally leave the academic education of their children to the teacher can be guided gently toward a culture of involvement.

You can learn more about your students' home cultures through research and by attending cultural events and celebrations. This knowledge will reap benefits as you anticipate cultural differences and avoid misunderstandings.

Educational Background Some parents' educational experiences may have a negative impact on their views of their children's education. Parents with little school experience may be unfamiliar with school practices, such as signing report cards and grading. All parents will need detailed information on their child's ESL/ELD program. Through good communications you can successfully address parents' unfamiliarity with the school system and overcome preconceived notions about school from prior experiences.

Good communication can begin with a review of school policies and classroom procedures. Explore ways that they can be amended to address the needs of parents who are unfamiliar with processes. Conduct an open house to dispel any misunderstandings about policies and procedures. Invite families into the classroom to help familiarize them with classroom routines and to give them an opportunity to see their child's excitement and interest in learning. When parents share school experiences with their children, the result is more overall parental involvement.

Literacy Parents with limited educational opportunities may not be able to read in their home language or in English. While translations

of materials can help family members with limited English ability, translation is not the solution for those who are unable to read. To insure that all parents are included, deliver important messages over the phone or arrange home visits. If family literacy programs exist in your community, make information about these programs available to parents.

Parents' Busy Lives Flexibility and understanding are essential for successful family involvement. Some parents may not be able to take time off from work for school activities. Others may be unable to bring in supplies or volunteer for classroom activities. You can help these parents to stay involved in their children's education.

- Schedule conferences at flexible, convenient times.
- Provide activities for younger siblings during conferences or other school functions.
- Serve food during conferences and meetings.
- Send home class newsletters each month listing school activities to provide ongoing information about school events so parents can plan ahead.
- Send a letter home asking parents to list preferred methods and times for communication, conferences, and meetings. At the same time, offer parents opportunities to become involved through volunteering, donating supplies, or both.

Strategies for Involving Families in the Classroom

Inviting parents, caregivers, and family members into the classroom is a step toward achieving family involvement in students' education.

First Impressions At the start of school, set a positive tone for the rest of the year. You may want to invite families to an informal gathering where student work is displayed. If possible, create signs in the children's home languages and post them in the room. Bilingual aides can welcome families in their home language and answer questions.

Home Visits Visiting families in their home is a powerful way to break down the barrier between home and school. Often, after meeting the teacher in their homes, families will feel more comfortable coming to school for conferences and open houses. Home visits also help you to learn more about the cultures of your English language learners.

Open House/Family Nights Planning several formal and informal gatherings for families throughout the year can help maintain family involvement. Including students and siblings in these events will make events special for families. For evening events, you can invite families to bring in food typical of their culture. Parents may be willing to share information about their home country's culture, such as cultural arts. Showcasing children's cultures will help build a stronger relationship between home and school.

- Use visuals, such as photos of children doing their work, displays of student projects, and videotapes of children performing. For more impact, videotape children retelling the performances in their various home languages.

- Ask children to host the event. Children can explain displayed projects to their families, list what they have been learning, and sing a song welcoming families.

- Have children sing, perform a brief skit, or demonstrate something they have learned. When their children perform, families often attend!

Parent-Teacher Conferences During conferences, some parents may be uncomfortable listening to you share information about their child's academic performance or hearing about problems their child is having in school. You can help make parents an equal partner in the process by saying "You know your child best. Could you tell something special about your child?" The parents' response can lead to a discussion on the child's strengths and weaknesses. You can then set goals for the child with the parents.

Family Stories A powerful way to show that the school values the cultures of its students is to ask children and parents to share family stories. Give children prompts to ask their parents, such as "Tell me something about our home country." Children can share the stories with the class, or family members can visit the class and tell the stories.

Parent-Teacher Workshops Workshops offer parents the opportunity to learn about educational approaches, such as shared reading, and about other topics like homework, school procedures, safety at home, and health. Workshops can be structured as single sessions of several hours, in weekly sessions, and so on. Experts can be invited to present at sessions.

Parent Volunteers Parents who volunteer in school become more familiar with classroom routines. The parents of your English language learners may be able to share a talent or a special skill or knowledge related to a unit, such as cooking or crafts. If possible, bilingual aides can translate for parents and children during volunteer activities.

Partnership for Success

Family involvement is an important element of English language learners' success in school. You can foster a positive, collaborative relationship with their families by using strategies to involve them in your students' educational experience. Planning, flexibility, and understanding will help you build a successful partnership between family and school.

How to Use the Home-School Connection Masters

These blackline masters will help you involve the parents and caregivers of your English language learners in their literacy development. *The Home-School Connection* has three masters for each thematic unit in *On Our Way to English*—one Family Letter and two Home Activity Masters.

Family Letters Send home a Family Letter when you begin a unit to introduce the unit theme to family members. Letters are provided in English and in seven other languages— Spanish, Vietnamese, Hmong, Cantonese, Haitian Creole, Korean, and Cambodian— with the name of each language printed in English at the bottom of each letter. The Family Letter introduces the unit theme and lists theme vocabulary words that the child will learn. It also describes the Student Version of the Manipulative Chart, which the child will bring home, and the Big Book that will be taught during the unit. Also, the letter provides instructions for the first Home Activity Master.

Home Activity Masters The first of the two Home Activity Masters is an engaging, active blackline master related to the unit theme. This master leads parents and children in a variety of activities such as talking, making observations and recording them, and drawing. This Home Activity Master helps children practice new vocabulary words related to the unit theme and higher order thinking skills, such as categorizing and predicting. Instructions for doing the activity are printed in English on the master and repeated in the Family Letter in the eight languages.

The second Home Activity Master helps children retell the unit Big Book to family members. This master has a picture or graphic organizer that shows what happens in the book. Children can use this master to help them retell the book. Send home this Home Activity Master after you have introduced and read aloud the Big Book in class. Encourage children to first retell in English and then in their home language when they are at home.

As you teach the thematic unit, you will introduce and revisit the full-size Manipulative Chart. Then you will guide children as they assemble and use the Student Version of the chart in school. After they have practiced with the Student Version, send it home with children as an additional way to involve parents in their children's education. Encourage children to move the parts and talk about the pictures with their families. Remind children that the Family Letter explains that this chart is part of what they are learning in school.

Dear Family,

Our class is ready to begin Unit 1 of *On Our Way to English*. Your child is learning about school days. Some new words that your child will learn are *backpack, book, crayons, draw, friends, notebook, paper, pencils, read, ruler, school, scissors, teacher,* and *write*.

- Your child will bring home a song about school. The song sheet shows a backpack and comes with a set of cards. Sing the song together as you place each card on the backpack. Ask what your child likes to do in school and have your child tell you about the classroom.

- Our class will also read a book called *Look Out the Window*. The book is about a boy watching clouds out the window. Your child will bring home a picture that shows what happens in the story. Ask your child to use the picture to retell the story in English or in your home language.

Also, your child will bring home an activity about school items. Please take the time to do this Home Activity together. These are the directions as they appear on the activity:

Home Activity
School Tool Roundup

Directions:

1. Help your child cut out and color the items shown next to the backpack.
2. Have your child sort the pictures into two groups: things that children use in school and things that children do not use at school.
3. Ask your child to place things that are used at school into the backpack.
4. Discuss how each item is used at school.

Sincerely,

_____

Estimada familia:

Nuestra clase está lista para empezar la Unidad 1 de *On Our Way to English*. Su hijo o hija aprenderá sobre los días de escuela. Algunas de las palabras nuevas que aprenderá son: *backpack, book, crayons, draw, friends, notebook, paper, pencils, read, ruler, school, scissors, teacher* y *write*.

- Su hijo o hija llevará a casa una canción sobre la escuela. La hoja de la canción muestra una mochila y viene con un paquete de tarjetas. Cante junto con él o ella la canción mientras colocan las tarjetas en la mochila. Pregúntele qué le gusta hacer en la escuela y pídale que le cuente sobre el salón de clases.

- Nuestra clase también leerá el libro *Look Out the Window*. Este libro trata de un niño que mira las nubes por la ventana. Su hijo o hija llevará a casa una ilustración sobre lo que sucede en el cuento. Pídale que con ayuda de la ilustración le cuente el cuento en inglés o en su lengua materna.

Su hijo o hija también llevará a casa una actividad sobre los útiles escolares. Por favor, dedique tiempo para realizar esta actividad junto con él o ella. Estas son las instrucciones que aparecen en la actividad:

Actividad para hacer en casa
Los útiles escolares

Instrucciones:

1. Ayude a su hijo o hija a recortar y colorear los objetos que se muestran junto a la mochila.
2. Pídale que clasifique las ilustraciones en dos grupos: los objetos que se usan en la escuela y los objetos que no se usan en la escuela.
3. Pídale que acomode los útiles escolares en la mochila.
4. Comente el uso de cada objeto en la escuela.

Atentamente,

Kính Gửi Phụ Huynh Học Sinh,

Lớp chúng tôi đã sẵn sàng bắt đầu Bài Số 1 của giáo trình *On Our Way to English*. Con quý vị đang học về những ngày ở trường. Một số từ mới mà cháu sẽ học là *backpack, book, crayons, draw, friends, notebook, paper, pencils, read, ruler, school, scissors, teacher*, và *write*.

- Con quý vị sẽ đem về nhà một bài hát nói về nhà trường. Tờ in lời bài hát có hình một chiếc ba-lô, kèm theo một bộ thẻ. Quý vị hãy cùng con vừa hát vừa đặt từng tấm thẻ lên hình chiếc ba-lô. Quý vị hãy hỏi xem cháu thích làm gì ở trường và yêu cầu cháu kể về lớp học của mình.

- Lớp chúng tôi cũng sẽ đọc một quyển sách có tên là *Look Out the Window*. Quyển sách nói về một cậu bé ngắm những đám mây qua ô cửa sổ. Con quý vị sẽ đem về nhà một bức tranh miêu tả diễn biến của câu chuyện. Quý vị hãy yêu cầu cháu dựa vào bức tranh để kể lại câu chuyện bằng tiếng Anh hoặc tiếng mẹ đẻ của mình.

Con quý vị cũng sẽ đem về một bài tập liên quan đến những vật dụng trong trường học. Quý vị hãy giành chút thời gian để cùng làm Bài Tập Ở Nhà này với cháu. Các chỉ dẫn sau sẽ xuất hiện trên bài tập:

Bài Tập Ở Nhà
Những Vật Dụng Ở Trường

Chỉ Dẫn:

1. Quý vị hãy giúp con cắt và tô màu các thứ đồ được in cạnh hình chiếc ba-lô.
2. Yêu cầu cháu phân loại các bức tranh thành hai nhóm: những đồ vật mà trẻ em dùng ở trường và những đồ vật mà trẻ em không dùng ở trường.
3. Yêu cầu cháu xếp các bức tranh miêu tả các vật dụng ở trường vào hình chiếc ba-lô.
4. Hỏi xem cháu dùng mỗi vật dụng đó như thế nào tại trường.

Kính thư,

Hawm txog Tsoom Niam Txiv,

Peb chav kawm npaj txhij los pib Nqe 1 ntawm *On Our Way to English.* Nej tus menyuam tabtom kawm txog cov hnub kawm ntawv. Tej cov lo lus tshiab uas nws yuav kawm yog *backpack, book, crayons, draw, friends, notebook, paper, pencils, read, ruler, school, scissors, teacher* thiab *write.*

- Nej tus menyuam yuav nqa los tsev ib zaj nkauj txog tsev kawm ntawv. Daim ntawv nkauj qhia txog ib lub hnab ev thiab los nrog ib pob card. Hu zaj nkauj uake thaum nej tso ib daim card zuj zus saum lub hnab. Nug yam nws xav ua nyob tom tsev kawm ntawv thiab hais kom nws qhia nej txog chav kawm.

- Peb chav kawm yuav nyeem ntxiv ib phau ntawv hu ua *Look Out the Window.* Phau ntawv teev txog ib tus tub tabtom ntsia cov huab ntawm lub qhov rai mus. Nej tus menyuam yuav nqa los tsev ib daim duab qhia txog yam tshwmsim hauv phau ntawv. Hais kom nws siv daim duab los piav dua txog zaj dabneeg ua lus Aakiv lossis ua nej hom lus.

Thiab, nej tus menyuam yuav nqa los tsev ib yam dejnum txog cov yam khoom tom tsev kawm ntawv. Muab sijhawm los ua Tes Dejnum tom Tsev uake. Nov yog cov hau kev qhia ua haujlwm:

Dejnum tom Tsev

Twj Tom Tsev Kawm Ntawv

Cov Hau Kev Qhia:

1. Pab nej tus menyuam txiav thiab rau cov khoom ze lub hnab ev.
2. Hais kom nws faib cov duab ua ob pawg: cov siv tom tsev kawm ntawv thiab cov tsis siv.
3. Kom nws muab cov khoom siv ntawd tso hauv lub hnab ev.
4. Tham saib txhua yam raug siv tom tsev kawm ntawv licas.

Ua tsaug ntau,

_____

親愛的家長：

我們即將開始學習 *On Our Way to English* 單元 1 的內容，教導貴子女認識學校生活。貴子女將會學到一些新字：*backpack, book, crayons, draw, friends, notebook, paper, pencils, read, ruler, school, scissors, teacher,* 和 *write*。

- 貴子女會帶一首關於學校的歌回家。歌詞上畫有一個背包，並附有一套卡片。請您們一面唱歌，一面將每張卡片放在背包上。問貴子女在學校喜歡做什麼，並叫貴子女告訴您課室的情況。

- 我們也會讀一本叫做 *Look Out the Window* 的書。這本書講述一個男孩看窗外的雲。貴子女會將一幅描寫故事情節的圖畫帶回家。請您叫貴子女用這幅圖畫以英語或您的母語複述故事。

此外，貴子女也會在家中進行一項關於學校用品的活動。請抽空與貴子女一起進行這項家庭活動。以下是有關活動的指示：

家庭活動
搜集學校用品

指示：

1. 協助貴子女剪下背包旁邊的物品，並塗上顏色。
2. 叫貴子女將圖片分為兩組：學生在學校使用的物品，以及學生不會在學校使用的物品。
3. 要貴子女將在學校使用的物品放在背包內。
4. 討論每件物品在學校的用途。

敬上

Chè fanmi,

Klas nou an prè pou l kòmanse 1e Inite nan liv *On Our Way to English*. Pitit ou an ap aprann bagay sou lekòl. Kèk nouvo mo pitit ou an pral aprann se *backpack, book, crayons, draw, friends, notebook, paper, pencils, read, ruler, school, scissors, teacher* epi *write*.

- Pitit ou an pral pote lakay li yon chante osijè lekòl. Fèy ki gen chante a montre yon sakado epi genyen tou yon seri de kat. Chante chante a ansanm pandan w ap mete chak kat nan sakado a. Mande pitit ou an kisa li renmen fè nan lekòl la epi fè pitit ou an rakonte kèk bagay sou saldeklas la.

- Epitou klas nou an pral fè lekti yon liv yo rele *Look Out the Window*. Liv lan pale de yon ti gason k ap gade nyaj yo nan yon fenèt. Pitit ou an pral pote lakay li yon foto ki pral rakonte sa k ap pase nan istwa a. Mande pitit ou an pou li itilize foto an pou li rakonte istwa a ankò an Anglè oswa nan lang natif natal ou.

Epi, pitit ou an pral pote lakay li yon aktivite sou bagay ou jwenn nan lekòl. Silvouplè pran tan pou fè Aktivite Lakay sa ansanm. Men enstriksyon yo jan yo parèt nan aktivite a :

Aktivite Lakay
Ranmase Zouti pou Lekòl

Enstriksyon :

1. Ede pitit ou an dekoupe epi kolore atik yo montre akote sakado a.
2. Fè pitit ou an ranje foto yo an de gwoup : bagay timoun itilize nan lekòl epi bagay timoun pa itilize nan lekòl.
3. Mande pitit ou an pou li mete bagay yo itilize nan lekòl anndan sakado a.
4. diskite sou jan yo itilize chak atik nan lekòl.

Sensèman,

_____

학부모님께,

저희 학급은 곧 *On Our Way to English* 제 1과를 시작할 예정입니다. 학생들은 학교 생활에 대하여 배울 것입니다. 학생들이 배울 새 단어는 *backpack, book, crayons, draw, friends, notebook, paper, pencils, read, ruler, school, scissors, teacher, write* 등입니다.

- 학생들은 학교에 관한 노래를 집으로 가져갈 것입니다. 그 인쇄물에는 배낭 그림이 있으며 몇 장의 카드와 함께 나누어 줄 것입니다. 각 카드를 배낭에 넣으면서 노래를 같이 불러 주십시오. 자녀에게 학교에서 무엇을 하고 싶은지 물어보시고, 교실에 대하여 이야기하게 하십시오.

- 저희 학급에서는 또한 *Look Out the Window*라는 이야기책을 읽을 것입니다. 이 책은 창 밖의 구름을 보는 한 소년에 관한 것입니다. 학생들은 이야기책에서 일어났던 일을 보여주는 그림을 집으로 가져갈 것입니다. 가정에서는 자녀가 그림을 이용하여 책의 내용을 영어나 모국어로 다시 이야기할 수 있도록 지도해 주십시오.

또한, 학교 사물에 관한 학습지를 집에 가져갈 것입니다. 학부모님은 시간을 내어 가정학습지를 자녀와 함께 하여 주십시오. 다음은 학습지 상에서 보실 수 있는 지침입니다.

가정학습지

학교에서 사용하는 도구들

지침

1. 자녀가 가방 옆에 있는 사물을 잘라서 색칠하도록 도와 주십시오.
2. 자녀에게 그림들을 두 가지로 나누게 하십시오: 한 가지는 학생들이 학교에서 사용하는 물건이고 다른 한 가지는 학교에서 사용하지 않는 물건입니다.
3. 자녀에게 학교에서 사용하는 물건을 가방에 넣도록 하십시오.
4. 그리고, 각 사물이 어떻게 학교에서 사용되는 지에 대하여 얘기를 나누십시오.

감사합니다.

ជូនចំពោះគ្រួសារ,

ថ្នាក់រៀនរបស់យើងប្រុងប្រៀបចាប់ផ្ដើមរៀន វគ្គទី 1 នៃសៀវភៅ *On Our Way to English* ។ កូនរបស់អ្នកកំពុងរៀន អំពីថ្ងៃរៀន ។ ពាក្យថ្មីៗខ្លះដែលកូនរបស់អ្នកនឹងរៀនគឺដូចជាពាក្យ *backpack, book, crayons, draw, friends, notebook, paper, pencils, read, ruler, school, scissors, teacher* និង *write.* ។

- កូនរបស់អ្នកនឹងនាំយកមកផ្ទះនូវចំរៀងមួយបទអំពីសាលា ។ ត្រដាសចំរៀងបង្ហាញអំពីក្រដាបស្បៀយ ហើយមានសន្ទិកភាគមួយកញ្ចប់មកជាមួយផង ។ ច្រៀងចំរៀងជាមួយកូនអ្នកពេលអ្នកដាក់សន្ទិកភាគក្នុងមួយៗទៅក្នុងក្រដាបស្បៀយ ។ សួរកូនអ្នកតើគេចង់ផ្ញើអ្វីនៅក្នុងសាលា ហើយឲ្យកូនអ្នកនិយាយប្រាប់អ្នកអំពីថ្នាក់រៀនផង ។

- ថ្នាក់រៀនរបស់យើងក៏នឹងអានរឿងមួយដែលមានចំណងជើងថា *Look Out the Window* ។ សៀវភៅនេះគឺអំពីក្មេង ប្រុសម្នាក់សំឡឹងមើលពពកតាមបង្អួច ។ កូនរបស់អ្នកនឹងនាំយករូបភាពមួយទៅផ្ទះដែលបង្ហាញពីអ្វីដែលកើតឡើងនៅក្នុងរឿងនោះ ។ ប្រាប់កូន អ្នកឲ្យប្រើរូបភាព ដើម្បីនិយាយរឿងនោះឡើងវិញជាភាសាអង់គ្លេស ឬអំពីភាសានិយាយកំណើតរបស់អ្នក ។

ម្យ៉ាងទៀត កូនរបស់អ្នកនឹងនាំយកមកផ្ទះនូវសកម្មភាពមួយអំពីរបស់របរសាលារៀន ។ សូមធ្វើតពេលធ្វើសកម្មភាពតាមផ្ទះជាមួយគ្នា ។ គឺមានការណែនាំដូចដែលយើញមាននៅក្នុងសកម្មភាព:

សកម្មភាពតាមផ្ទះ៖
ប្រដាប់ប្រដារសំរាប់សាលារៀន

ការណែនាំ៖

1. ជួយកូនអ្នកកាត់ និងផាត់ពណិលើរូបភាពដែលមានបង្ហាញនៅជិតក្រដាបស្បៀយ ។
2. ឲ្យកូនរបស់អ្នក រៀបរូបភាពនោះជាពីរក្រុម៖ វត្ថុដែលក្មេងប្រើនៅក្នុងសាលា និងវត្ថុដែលក្មេងមិនប្រើក្នុងសាលា ។
3. ប្រាប់ឲ្យកូនរបស់អ្នកដាក់វត្ថុដែលប្រើតាមសាលាទៅក្នុងក្រដាបស្បៀយ ។
4. ពិភាក្សានូវរបៀបដែលវត្ថុនិមួយៗត្រូវប្រើតាមសាលា ។

ដោយក្ដីស្មោះស្ម័គ្រ

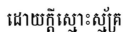

Name_____

Home Activity
School Tool Roundup

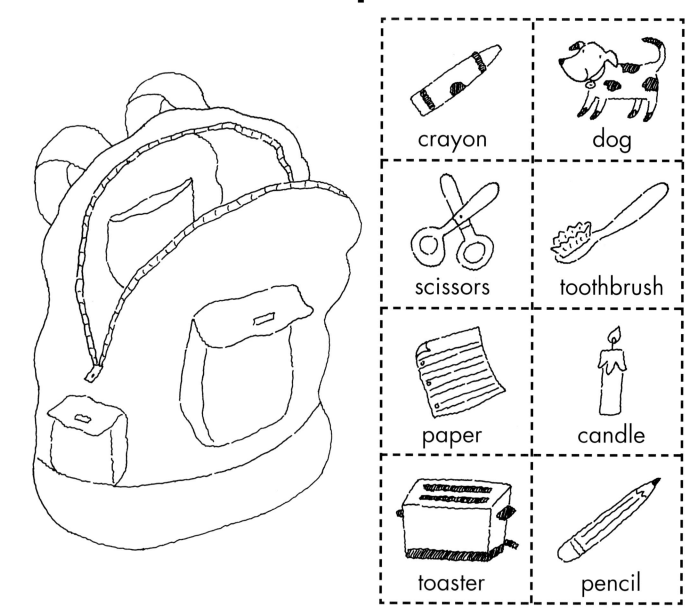

crayon

dog

scissors

toothbrush

paper

candle

toaster

pencil

Directions:

1. Help your child cut out and color the items shown next to the backpack.
2. Have your child sort the pictures into two groups: things that children use in school and things that children do not use at school.
3. Ask your child to place things that are used at school into the backpack.
4. Discuss how each item is used at school.

Name_____

Home Activity
Look Out the Window

lamb   **lion**

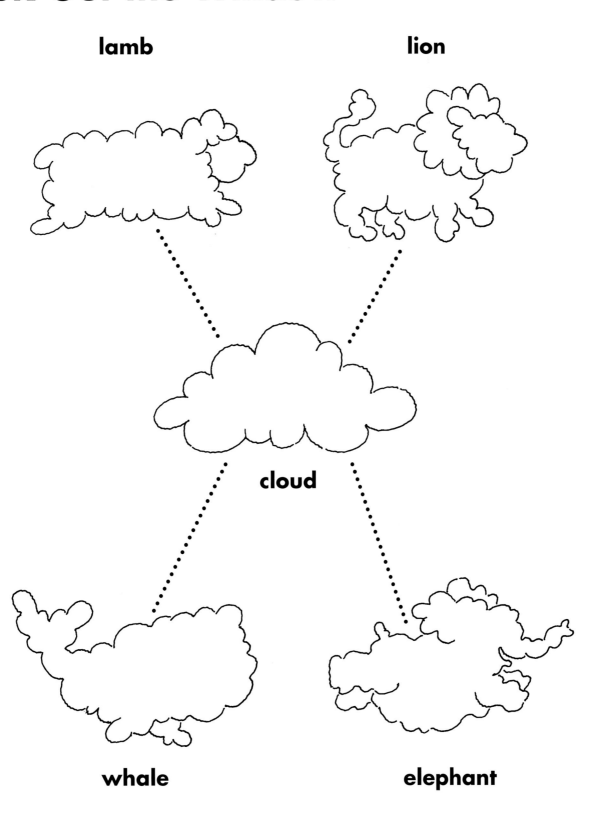

cloud

whale   **elephant**

Dear Family,

Our class is ready to begin Unit 2 of *On Our Way to English*. Your child is learning about his or her relationship to the world. Some new words that your child will learn are *eyes, family, father, grandma, grandpa, hear, mother, mouth, nose, see, smell, taste,* and *touch*.

- Your child will bring home a song about the five senses. As your child sings the song, ask how to turn the page to see each body part and how it works. Ask your child to describe things he or she has tasted, touched, smelled, seen, and heard today.

- Our class will also read a book called *My Grandmother's Hands*. The book is about how Grandmother uses her hands. Your child will bring home a picture that shows what happens in the story. Ask your child to use the picture to retell the story in English or in your home language.

Also, your child will bring home an activity about your family. Please take the time to do this Home Activity together. These are the directions as they appear on the activity:

Home Activity
Family Pictures

Directions:
1. Together, read the list of words that name different family members (grandma, grandpa, father, mother, me, brother, sister, aunt, uncle).
2. Identify your family members. In the frame, draw a picture of your family. Below the frame, help your child write each family member's name.
3. Discuss how these people make your family special.

Sincerely,

_____

Estimada familia:

Nuestra clase está lista para empezar la Unidad 2 de *On Our Way to English*. Su hijo o hija aprenderá sobre su relación con el mundo. Algunas de las palabras nuevas que aprenderá son: *eyes, family, father, grandma, grandpa, hear, mother, mouth, nose, see, smell, taste* y *touch*.

- Su hijo o hija llevará a casa una canción sobre los cinco sentidos. Mientras su hijo o hija canta la canción, pregúntele cómo hay que voltear la página para ver cada parte del cuerpo y su funcionamiento. Pídale que describa las cosas que ha probado, tocado, olido, visto o escuchado el día de hoy.

- Nuestra clase también leerá el libro *My Grandmother's Hands*. Este libro es sobre cómo la abuela usa las manos. Su hijo o hija llevará a casa una ilustración sobre lo que sucede en el cuento. Pídale que con ayuda de la ilustración le cuente el cuento en inglés o en su lengua materna.

Su hijo o hija también llevará a casa una actividad sobre la familia. Por favor, dedique tiempo para realizar esta actividad junto con él o ella. Estas son las instrucciones que aparecen en la actividad:

Actividad para hacer en casa
Fotos de mi familia

Instrucciones:

1. Lea junto con su hijo o hija la lista de palabras que nombran a los distintos miembros de la familia (*abuela, abuelo, papá, mamá, yo, hermano, hermana, tía, tío*).
2. Identifique a los miembros de su familia. Dentro del marco, haga un dibujo de su familia. Ayude a su hijo o hija a escribir los nombres de cada miembro de la familia abajo del marco.
3. Comente cómo estas personas hacen que su familia sea especial.

Atentamente,

_____

Kính Gửi Phụ Huynh Học Sinh,

Lớp chúng tôi đã sẵn sàng bắt đầu Bài Số 2 của giáo trình *On Our Way to English*. Con quý vị đang học về các mối quan hệ trong cuộc sống. Một số từ mới mà cháu sẽ học là *eyes, family, father, grandma, grandpa, hear, mother, mouth, nose, see, smell, taste,* và *touch*.

- Con quý vị sẽ đem về nhà một bài hát nói về năm giác quan. Khi cháu hát bài này, hãy hỏi cháu xem các bìa trang mở ra như thế nào nhằm để lộ từng bộ phận của cơ thể và chức năng của mỗi bộ phận. Quý vị cũng hãy hỏi xem hôm nay cháu đã nếm, sờ, ngửi, nhìn và nghe thấy những gì.

- Lớp chúng tôi cũng sẽ đọc một quyển sách có tên là *My Grandmother's Hands*. Quyển sách nói về cách bà sử dụng đôi tay. Con quý vị sẽ đem về nhà một bức tranh miêu tả diễn biến của câu chuyện. Quý vị hãy yêu cầu cháu dựa vào bức tranh để kể lại câu chuyện bằng tiếng Anh hoặc tiếng mẹ để của mình.

Con quý vị cũng sẽ đem về một bài tập liên quan đến gia đình quý vị. Quý vị hãy giành chút thời gian để cùng làm Bài Tập Ở Nhà này với cháu. Các chỉ dẫn sau sẽ xuất hiện trên bài tập:

Bài Tập Ở Nhà
Những Bức Tranh Gia Đình

Chỉ Dẫn:

1. Quý vị hãy cùng con đọc dãy các từ chỉ những thành viên trong gia đình (*ông, bà, bố, mẹ, tôi, anh trai/em trai, chị gái/em gái, dì/cô, chú/bác trai*).

2. Giúp cháu nhận biết các thành viên trong gia đình quý vị. Trong khung, hãy vẽ một bức tranh miêu tả gia đình quý vị. Giúp cháu viết tên của từng thành viên trong gia đình xuống phía dưới khung tranh.

3. Thảo luận với cháu xem đặc điểm nào của mỗi người trong nhà khiến cho gia đình quý vị khác với những gia đình khác.

Kính thư,

Hawm txog Tsoom Niam Txiv,

Peb chav kawm npaj txhij los pib Nqe 2 ntawm *On Our Way to English*. Nej tus menyuam tabtom kawm txog nws txoj kev txuas nrog lub ntiajteb. Tej cov lo lus tshiab uas nws yuav kawm yog *eyes, family, father, grandma, grandpa, hear, mother, mouth, nose, see, smell, taste* thiab *touch*.

- Nej tus menyuam yuav nqa los tsev ib zaj nkauj txog tsib yam txuj. Thaum nws hu zaj nkauj, nug saib ntxeev nplooj ntawv licas kom pom txhua ntu ntawm lub cev thiab saib lawv ua haujlwm licas. Nug txog yam nws tau saj, kov, hnia, pom, thiab hnov hnub nov.

- Peb chav kawm yuav nyeem ntxiv ib phau ntawv hu ua *My Grandmother's Hands*. Phau ntawv teev txog tias kuv pog siv nws ob txhais tes licas. Nej tus menyuam yuav nqa los tsev ib daim duab qhia txog yam tshwmsim hauv phau ntawv. Hais kom nws siv daim duab los piav zaj dabneeg dua ua lus Aakiv lossis ua nej hom lus.

Thiab, nej tus menyuam yuav nqa los tsev ib yam dejnum txog nej tsev neeg. Muab sijhawm los ua Tes Dejnum tom Tsev uake. Nov yog cov hau kev qhia ua haujlwm:

Dejnum tom Tsev
Tsev Neeg Daim Duab

Cov Hau Kev Qhia:

1. Uake, nyeem daim ntawv teev cov lo lus tis npe rau txhua leej hauv tsev *(pog, yawg, txiv, niam, kuv, kwv, muam, niam ntxawm, txiv ntxawm)*.

2. Txheeb cov neeg hauv tsev cov npe. Kos ib daim duab txog nej tsev neeg tso rau hauv ib tus ntug cia. Hauv qab tus ntug, pab sau txhua leej lub npe cia.

3. Tham txog saib txhua leej ua rau nej tsev neeg tshwjxeeb npaum licas.

Ua tsaug ntau,

親愛的家長：

我們即將開始學習 *On Our Way to English* 單元 2 的內容，教導貴子女認識他 / 她與外在世界的關係。貴子女將會學到一些新字：*eyes, family, father, grandma, grandpa, hear, mother, mouth, nose, see, smell, taste,* 和 *touch*。

- 貴子女會帶一首關於五官感覺的歌回家。當貴子女唱歌時，問他 / 她怎樣翻頁去看每個身體部份和它的功能。叫貴子女形容他 / 她今天嚐到、觸摸到、聞到、看到和聽到的事物。

- 我們也會讀一本叫做 *My Grandmother's Hands* 的書。這本書講述祖母怎樣用她的雙手。貴子女會將一幅描寫故事情節的圖畫帶回家。請您叫貴子女用這幅圖畫以英語或您的母語複述故事。

此外，貴子女也會把一項關於您的家庭的活動帶回家。請抽空與貴子女一起進行這項家庭活動。以下是有關活動的指示：

家庭活動
家庭照片

指示：

1. 一起讀表示不同家庭成員的詞語表（*祖母 / 外婆、祖父 / 外公、父親、母親、我、兄弟、姊妹、姑母 / 阿姨、叔父 / 舅舅*）。
2. 辨認家庭成員。在框中繪一張全家福圖片。在框下協助貴子女寫出每位家庭成員的名字。
3. 討論這些人怎樣令你的家庭與眾不同。

敬上

Chè fanmi,

Klas nou an prè pou l kòmanse 2èm Inite nan liv *On Our Way to English*. Pitit ou an ap aprann sou rapò li genyen ak lemonn. Kèk nouvo mo pitit ou an pral aprann se *eyes, family, father, grandma, grandpa, hear, mother, mouth, nose, see, smell, taste* epi *touch*.

• Pitit ou an pral pote lakay li yon chante osijè senk sans yo. Pandan pitit ou an ap chante chante a, mande kouman pou fè tou nen paj lan pouka wè chak pati nan kò imen an epi mande kijan sa mache. Mande pitit ou an pou li dekri bagay li te goute, touche, santi, wè, epi tande jodi a.

• Epitou klas nou an pral fè lekti yon liv yo rele *My Grandmother's Hands*. Liv la pale sou kouman Granmè itilize men l yo. Pitit ou an pral pote lakay li yon foto ki montre ki sa k ap pase nan istwa a. Mande pitit ou an pou li itilize foto an pou li rakonte istwa a ankò an Anglè oswa nan lang natif natal ou.

Epi, pitit ou an pral pote lakay li yon aktivite osijè fanmi w. Silvouplè pran tan pou fè Aktivite Lakay sa ansanm. Men enstriksyon yo jan yo parèt nan aktivite a :

Aktivite Lakay
Foto Fanmi an

Enstriksyon :

1. Ansanm, li lis mo yo ki dekri diferan manm fanmi an (*granmè, granpè, papa, manman, mwenmenm, frè, sè, matant, tonton*).
2. Idantifye manm fanmi w. Nan ankadreman an, desine yon foto fanmi w. Anba ankadreman, ede pitit ou an ekri non chak manm fanmi an.
3. Dekri jan moun sa yo fè fanmi w espesyal.

Sensèman,

_____

학부모님께,

저희 학급은 곧 *On Our Way to English* 제 2과를 시작할 예정입니다. 학생들은 세계와의 관계에 대하여 배울 것입니다. 학생들이 배울 새 단어는 *eyes, family, father, grandma, grandpa, hear, mother, mouth, nose, see, smell, taste, touch* 등입니다.

- 학생들은 다섯 가지 감각에 대한 노래를 집으로 가져갈 것입니다. 자녀가 그 노래를 할 때, 어떻게 페이지를 넘겨서 우리 몸의 각 부분들을 보여 주며 그것을 어떨 때 사용하는지 물어봐 주십시오. 그리고 오늘 자녀가 맛 본 것, 만져 본 것, 냄새 맡은 것, 본 것 및 들은 것에 대하여 말해 보도록 지도해 주십시오.

- 저희 학급에서는 또한 *My Grandmother's Hands*이라는 이야기책을 읽을 것입니다. 이 책은 할머니가 손을 어떻게 사용하는지에 관한 것입니다. 학생들은 이야기책에서 일어났던 일을 보여주는 그림을 집으로 가져갈 것입니다. 가정에서는 자녀가 그림을 이용하여 책의 내용을 영어나 모국어로 다시 이야기할 수 있도록 지도해 주십시오.

또한, 가족에 관한 학습지를 집에 가져갈 것입니다. 학부모님은 시간을 내어 가정학습지를 자녀와 함께 하여 주십시오. 다음은 학습지 상에서 보실 수 있는 지침입니다.

가정학습지

가족 그림

지침

1. 자녀와 함께 각 가족 구성원의 이름이 나와 있는 목록을 읽어 주십시오(*할머니, 할아버지, 아버지, 어머니, 나, 오빠, 언니, 이모, 고모, 삼촌 등*).
2. 우리 가족의 구성원은 누구누구인지 말해보게 하십시오. 그리고, 액자 안에 가족의 그림을 그리도록 합니다. 자녀가 액자 밑에 각 가족 구성원의 이름을 쓰도록 도와 주십시오.
3. 가족 구성원의 특별한 점, 왜 우리집에서 중요한 사람인지에 대하여 얘기를 나누십시오.

감사합니다.

ជូនចំពោះគ្រួសារ,

ថ្នាក់រៀនរបស់យើងប្រុងប្រៀបចាប់ផ្តើមរៀន រង្វិទី 2 នៃសៀវភៅ *On Our Way to English* ។ កូនរបស់អ្នកកំពុងរៀនអំពីទំនាក់ទំនងរបស់គេទៅនឹងពិភពលោក ។

ពាក្យថ្មីៗខ្លះដែលកូនរបស់អ្នកនឹងរៀនគឺដូចជាពាក្យ *eyes, family, father, grandma, grandpa, hear, mother, mouth, nose, see, smell, taste* និង *touch* ។

- កូនរបស់អ្នកនឹងនាំយកកមផ្ទះ ៗ នូវចំរៀងមួយបទអំពីវិញ្ញាណទាំងប្រាំ ។ ពេលកូនអ្នកច្រៀងចំរៀង ស្ងូររគេនូវរបៀបបើកទំព័រសៀវភៅមើលផ្ទែកនិងមួយៗនៃដងខ្លួន ហើយនិងរបៀបផ្ទែកទាំងនោះបំពេញមុខងារ ។ ស្ងូរកូនរបស់អ្នកឲ្យពិពណ៌នាវររវស់ដែលគេបានភ្លក់រស់ជាតិ បានស្ងាប ហិតក្លិន បានឃើញ និងបានពាល់ថ្ងៃនេះ ។

- ថ្នាក់រៀនរបស់យើងក៏នឹងអានរឿងមួយដែលមានចំណងជើងថា *My Grandmother's Hands* ។ សៀវភៅនេះគឺអំពីរបៀបជីដូនខ្ញុំប្រើដៃរបស់គាត់ ។ កូនរបស់អ្នកនឹងនាំយករូបភាពមួយទៅផ្ទះដែលបង្ហាញពីអ្នកដែលកើតឡើងទៅក្នុងរឿងនោះ ។ ប្រាប់កូន អ្នកឲ្យប្រើរូបភាព ដើម្បីនិយាយរឿងនោះឡើងវិញជាភាសាអង់គ្លេស ឬជាអំពីភាសាកំណើតរបស់អ្នក ។

ម្យ៉ាងទៀត កូនរបស់អ្នកនឹងនាំយកកមផ្ទះ ៗ នូវសកម្មភាពមួយអំពីគ្រួសាររបស់អ្នក ។
សូមរីករាយពេលធ្វើសកម្មភាពតាមផ្ទះជាមួយគ្នា ។ គឺមានការណែនាំដូចដែលឃើញមាននៅក្នុងសកម្មភាព៖

សកម្មភាពតាមផ្ទះ៖

រូបថតគ្រួសារ

ការណែនាំ៖

1. ជាមួយគ្នាអានបញ្ជីពាក្យដែលដាក់ឈ្មោះសមាជិកគ្រួសារម្នាក់ៗ (ជីដូន ជីតា ឪពុក ម្តាយ ខ្ញុំ បង/ប្អូនប្រុស បង/ប្អូនស្រីមិង ៗ) ។

2. សំគាល់អំពីសមាជិកគ្រួសាររបស់អ្នក ។ នៅក្នុងកញ្ចក់របូថត គូររូបភាពនៃសមាជិកគ្រួសារអ្នក ។ នៅខាងក្រោមកញ្ចក់របូថត ជួយកូនអ្នករសរសេរឈ្មោះសមាជិកគ្រួសារមួយរូបៗ ។

3. ពិភាក្សាអានមូលហេតុដែលមនុស្សទាំងនោះធ្វើឲ្យគ្រួសារអ្នកមានលក្ខណពិសេស ។

ដោយក្តីស្មោះស្ម័គ្រ

_____

Name_____

Home Activity
Family Pictures

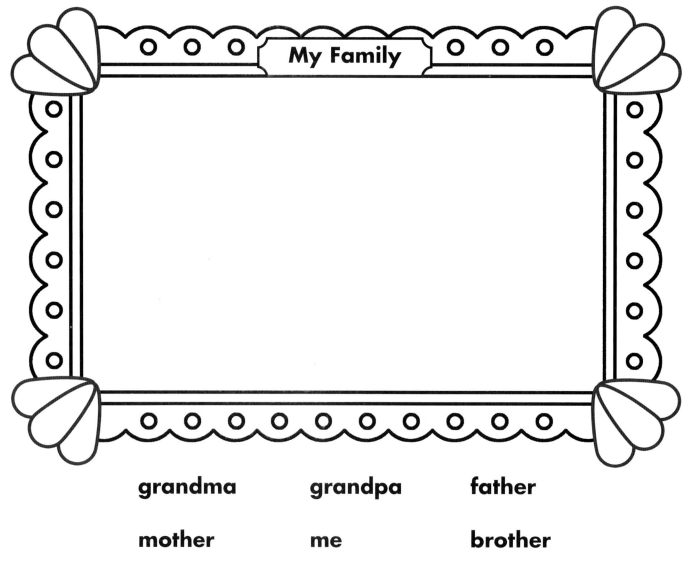

My Family

grandma	grandpa	father
mother	me	brother
sister	aunt	uncle

Directions:

1. Together, read the list of words that name different family members
   (grandma, grandpa, father, mother, me, brother, sister, aunt, uncle).
2. Identify your family members. In the frame, draw a picture of your family.
   Below the frame, help your child write each family member's name.
3. Discuss how these people make your family special.

Name_____

My Grandmother's Hands

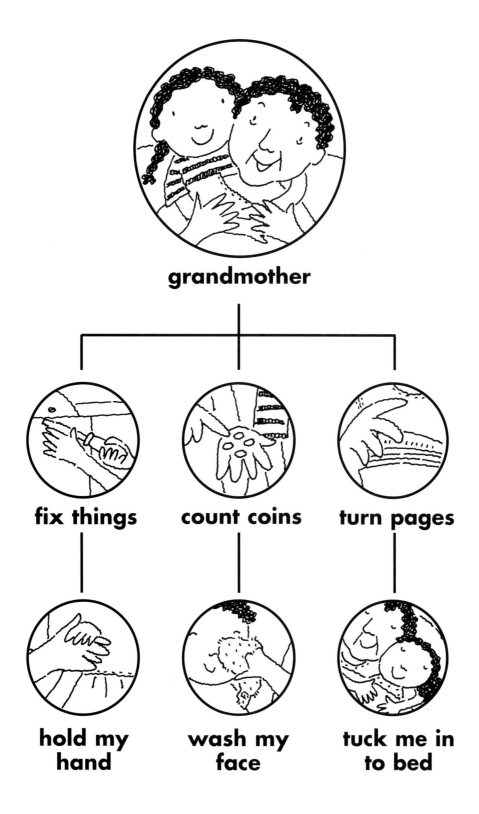

grandmother

fix things   count coins   turn pages

hold my
hand

wash my
face

tuck me in
to bed

Dear Family,

Our class is ready to begin Unit 3 of *On Our Way to English*. Your child is learning about neighborhoods and community helpers. Some new words that your child will learn are *bakery, construction worker, doctor, fire station, grocery store, house, library, mail carrier, neighborhood, police officer, street,* and *town.*

- Your child will bring home a song about people who help around town. As your child sings the song, ask how to turn the wheel to view each person. Invite your child to ask you questions about the job you do.

- Our class will also read a book called *Good News*. The book is about a girl walking through her neighborhood. Your child will bring home a picture that shows what happens in the story. Ask your child to use the picture to retell the story in English or in your home language.

Also, your child will bring home an activity about careers. Please take the time to do this Home Activity together. These are the directions as they appear on the activity:

Home Activity
When I Grow Up

Directions:

1. Together, talk about the pictures of people doing different kinds of jobs.
2. Ask your child to explain which job he or she would like to do as an adult. Your child may also choose a job that is not shown.
3. Help your child draw a picture of himself or herself at work. Then, act out the picture together. If possible, find real clothing or tools to help with the action. Pictures of clothing or tools would work well, too.

Sincerely,

Estimada familia:

Nuestra clase está lista para empezar la Unidad 3 de *On Our Way to English*. Su hijo o hija aprenderá sobre los barrios y las personas que ayudan a la comunidad. Algunas de las palabras nuevas que aprenderá son: *bakery, construction worker, doctor, fire station, grocery store, house, library, mail carrier, neighborhood, police officer, street* y *town*.

- Su hijo o hija llevará a casa una canción sobre las personas que ayudan a la comunidad. Mientras su hijo o hija canta la canción, pregúntele cómo hay que girar la rueda para ver a cada persona. Motive a su hijo o hija para que le haga preguntas sobre el trabajo que usted desempeña.

- Nuestra clase también leerá el libro *Good News*. Este libro trata de una niña que camina por su barrio. Su hijo o hija llevará a casa una ilustración sobre lo que sucede en el cuento. Pídale que con ayuda de la ilustración le cuente el cuento en inglés o en su lengua materna.

Su hijo o hija también llevará a casa una actividad sobre las profesiones. Por favor, dedique tiempo para realizar esta actividad junto con él o ella. Estas son las instrucciones que aparecen en la actividad:

Actividad para hacer en casa
Cuando sea grande

Instrucciones:

1. Hable con su hijo o hija sobre las ilustraciones que muestran personas realizando distintos trabajos.
2. Pídale que explique el tipo de trabajo que le gustaría hacer cuando crezca. Puede escoger un trabajo que no aparezca en las ilustraciones.
3. Ayude a su hijo o hija a hacer un dibujo en el que él o ella aparezca trabajando. Luego, representen la escena del dibujo. Si es posible, use ropa o herramientas reales para que la representación salga mejor. También puede usar ilustraciones de la ropa o de las herramientas.

Atentamente,

Kính Gửi Phụ Huynh Học Sinh,

Lớp chúng tôi đã sẵn sàng bắt đầu Bài Số 3 của giáo trình *On Our Way to English*. Con quý vị đang học về khu vực gần nhà và những người làm công tác cộng đồng. Một số từ mới mà cháu sẽ học là *bakery, construction worker, doctor, fire station, grocery store, house, library, mail carrier, neighborhood, police officer, street,* và *town*.

- Con quý vị sẽ đem về nhà một bài hát về những người giúp đỡ cộng đồng. Khi cháu hát bài này, quý vị hãy yêu cầu cháu xoay vòng quay để lộ từng người. Quý vị hãy khuyến khích cháu đặt các câu hỏi về công việc mà quý vị làm.

- Lớp chúng tôi cũng sẽ đọc một quyển sách có tên là *Good News*. Quyển sách nói về một bạn gái đi dạo quanh khu gần nhà mình. Con quý vị sẽ đem về nhà một bức tranh miêu tả diễn biến của câu chuyện. Quý vị hãy yêu cầu cháu dựa vào bức tranh để kể lại câu chuyện bằng tiếng Anh hoặc tiếng mẹ đẻ của mình.

Con quý vị cũng sẽ đem về một bài tập liên quan đến nghề nghiệp. Quý vị hãy giành chút thời gian để cùng làm Bài Tập Ở Nhà này với cháu. Các chỉ dẫn sau sẽ xuất hiện trên bài tập:

Bài Tập Ở Nhà
Khi Em Lớn Lên

Chỉ Dẫn:

1. Hãy cùng nói chuyện với con về các bức tranh miêu tả những người làm các công việc khác nhau.

2. Hỏi xem cháu thích làm nghề nào khi lớn lên và tại sao. Con quý vị có thể chọn một nghề không có trong các bức tranh.

3. Giúp cháu vẽ một bức tranh miêu tả cảnh cháu đang làm công việc. Sau đó, đóng kịch theo cảnh trong hình vẽ. Nếu có thể, hãy tìm quần áo hoặc dụng cụ thật để diễn. Quý vị cũng có thể dùng tranh miêu tả quần áo hoặc dụng cụ để diễn lại hình vẽ.

Kính thư,

Hawm txog Tsoom Niam Txiv,

Peb chav kawm npaj txhij los pib Nqe 3 ntawm *On Our Way to English*. Nej tus menyuam tabtom kawm txog cov cheeb tsam nruab zos thiab cov neeg pab hauv xeev. Tej cov lo lus tshiab uas nws yuav kawm yog *bakery, construction worker, doctor, fire station, grocery store, house, library, mail carrier, neighborhood, police officer, street* thiab *town*.

- Nej tus menyuam yuav nqa los tsev ib zaj nkauj txog cov neeg uas pab ncig nroog. Thaum nws hu zaj nkauj, nug saib tig lub vojvoog licas thiaj pom txhua leej. Caw nws los muab ib cov lus nug rau nej txog nej qhov haujlwm.

- Peb chav kawm yuav nyeem ntxiv ib phau ntawv hu ua *Good News*. Phau ntawv teev txog ib tus ntxhais taug kev ncig ib cheeb tsam hauv nws nruab zos. Nej tus menyuam yuav nqa los tsev ib daim duab qhia txog yam tshwmsim hauv zaj dabneeg. Hais kom nws siv daim duab los piav zaj dabneeg dua ua lus Aakiv lossis ua nej hom lus.

Thiab, nej tus menyuam yuav nqa los tsev ib yam dejnum txog haujlwm. Muab sijhawm los ua Tes Dejnum tom Tsev uake. Nov yog cov hau kev qhia ua haujlwm:

Dejnum tom Tsev
Thaum Kuv Hlob Tuaj

Cov Hau Kev Qhia:

1. Tham txog cov duab neeg ua ntau hom haujlwm sib txawv.
2. Kom nws piav txog hom haujlwm nws xav ua lwm hnub. Nws xaiv tau cov haujlwm teev tsis tau tawm thiab.
3. Pab nws kos duab txog nws ua haujlwm. Muab daim duab los ua yeebyam uake. Yog ua tau, nrhiav cov tsoos tsho tiag tiag lossis cov tseem twj los ua yeebyam. Cov duab tsoos tsho tiag tiag lossis cov duab tseem twj los yeej siv tau, thiab.

Ua tsaug ntau,

親愛的家長：

我們即將開始學習 *On Our Way to English* 單元 3 的內容，教導貴子女認識鄰近社區和為社區服務的人。貴子女將會學到一些新字：*bakery, construction worker, doctor, fire station, grocery store, house, library, mail carrier, neighborhood, police officer, street,* 和 *town*。

- 貴子女會帶一首關於在鎮上助人者的歌回家。當貴子女唱歌時，問他／她怎樣轉動輪子去看每個人。請貴子女問您關於您的工作的問題。

- 我們也會讀一本叫做 *Good News* 的書。這本書講述一個女孩走過她所居住的社區。貴子女會將一幅描寫故事情節的圖畫帶回家。請您叫貴子女用這幅圖畫以英語或您的母語複述故事。

此外，貴子女也會把一項關於職業的活動帶回家。請抽空與貴子女一起進行這項家庭活動。以下是有關活動的指示：

家庭活動

當我長大的時候

指示：

1. 一起談論有關人們從事不同工作的圖片。
2. 叫貴子女說明長大後想做什麼工作。貴子女也可以選擇一種圖片中沒有的工作。
3. 協助貴子女畫圖描繪他／她的工作情況。然後一起演出圖中的情景。如果可能的話，請找真正的服裝或工具來協助演戲。您們也可以用服裝或工具的圖片。

敬上

Chè fanmi,

Klas nou an prè pou l kòmanse 3èm Inite nan liv *On Our Way to English*. Pitit ou an ap aprann bagay sou vwazinaj epi volontè nan kominote a. Kèk nouvo mo pitit ou an pral aprann se *bakery, construction worker, doctor, fire station, grocery store, house, library, mail carrier, neighborhood, police officer, street* epi *town*.

- Pitit ou an pral pote lakay li yon chante osijè moun ki konn ede moun nan vil lan. Pandan pitit ou an ap chante chante a, mande l kijan pou vire wou a pouka wè chak moun. Envite pitit ou an pou li poze w kesyon sou ki travay ou fè.

- Epitou klas nou an pral fè lekti tou yon liv yo rele *Good News*. Liv lan pale de yon ti fi k ap mache nan vwazinaj lakay li. Pitit ou an pral pote lakay li yon foto ki montre ki sa k ap pase nan istwa a. Mande pitit ou an pou li itilize foto an pou li rakonte istwa a ankò an anglè oswa nan lang natif natal ou.

Epi, pitit ou an pral pote lakay li yon aktivite osijè karyè. Silvouplè pran tan pou fè Aktivite Lakay sa ansanm. Men enstriksyon yo jan yo parèt nan aktivite a :

Aktivite Lakay
Lè Mwen Grandi

Enstriksyon :

1. Ansanm, pale sou foto yo ki montre moun k ap fè plizyè kalite travay.
2. Mande pitit ou an pou li eksplike ki travay li ta renmen fè si l te yon granmoun. Pitit ou an ka chwazi tou yon travay yo pa montre la a.
3. Ede pitit ou an pou l desine yon foto tèt li k ap travay. Epi, jwe wòl foto an ansanm. Si posib, chèche vrè rad oswa zouti pou ede w reyalize jwe wòl la. Foto rad oswa zouti ka mache byen tou.

Sensèman,

학부모님께,

저희 학급은 곧 *On Our Way to English* 제 3과를 시작할 예정입니다. 학생들은 이웃 및 이웃을 돕는 사람들(지역 공동체 봉사자)에 대하여 배울 것입니다. 학생들이 배울 새 단어는 *bakery, construction worker, doctor, fire station, grocery store, house, library, mail carrier, neighborhood, police officer, street, town* 등입니다.

- 학생들은 마을 주변에서 도와주는 사람들에 대한 노래를 집으로 가져 갈 것입니다. 자녀가 노래를 하면서 바퀴를 움직여서 각각의 사람을 제 대로 보여 줄 수 있는지 확인해 주십시오. 그리고, 학부모님의 직업에 대하여 자녀가 물어볼 수 있는 시간을 가지십시오.

- 저희 학급에서는 또한 *Good News*이라는 이야기책을 읽을 것입니다. 이 책은 한 소녀가 마을을 지나가면서 생기는 일들에 관한 것입니다. 학생들은 이야기책에서 일어났던 일을 보여주는 그림을 집으로 가져갈 것입니다. 가정에서는 자녀가 그림을 이용하여 책의 내용을 영어나 모국어로 다시 이야기할 수 있도록 지도해 주십시오.

또한, 직업에 관한 학습지를 집에 가져갈 것입니다. 학부모님은 시간을 내어 가정학습지를 자녀와 함께 하여 주십시오. 다음은 학습지 상에서 보실 수 있는 지침입니다.

가정학습지

내가 자라면...

지침

1. 자녀와 함께 사람들이 하고 있는 여러 가지 직업에 대한 그림을 보며 얘기를 나누십시오 .

2. 자녀에게 어른이 되었을 때 어떤 직업으로 어떤 일을 하고 싶 은지 물어봐 주십시오. 그림에 나와 있지 않은 직업을 선택해 도 됩니다.

3. 자녀가 일하고 있는 그림을 상상해보고 그림으로 그리도록 합 니다. 그리고, 그림 그린 것과 같이 실제로 자녀가 직접 해 볼 수 있도록 도와 주십시오. 가능하면 자녀가 고른 직업에 필요 한 실제 복장이나 도구를 마련해 주십시오. 그림으로 복장이나 도구를 만드는 것도 좋은 방법입니다.

감사합니다.

ជូនចំពោះគ្រួសារ,

ថ្នាក់រៀនរបស់យើងប្រុងប្រៀបចាប់ផ្តើមរៀន វគ្គទី 3 នៃសៀវភៅ *On Our Way to English* ។ កូនរបស់អ្នកកំពុងរៀនអំពីភូមិនិគតខាង និងអ្នកជួយនៅក្នុងសហគមន៍ ។ ពាក្យថ្មីៗខ្លះដែលកូនរបស់អ្នកនឹងរៀនគឺដូចជាពាក្យ ដុតនំ កម្មករសំណង់ វេជ្ជបណ្ឌិតស្ថានីយពន្លត់ភ្លើង ហាងលក់ទំនិញ ផ្ទះ *bakery, construction worker, doctor, fire station, grocery store, house, library, mail carrier, neighborhood, police officer, street* និង *town* ។

- របស់អ្នកនឹងនាំយកមកផ្ទះនូវចំរៀងមួយបទអំពីមនុស្សដែលជួយនៅក្នុងទីប្រជុំជន ។ ពេលកូនអ្នកច្រៀងចំរៀងស្ងូវគេនូវរបៀបបង្វិលកង់ដើម្បីមើលមនុស្សម្នាក់ៗ ។ ច្រាប់ឲ្យកូនស្ងូវអ្នកអំពីការងារដែលអ្នកធ្វើ ។

- ថ្នាក់រៀនរបស់យើងក៏នឹងអានរឿងមួយដែលមានចំណងជើងថា *Good News* ។ សៀវភៅនេះគឺអំពីក្មេងស្រីម្នាក់ដើរតាមភូមិ ជិតខាងរបស់នាង ។ កូនរបស់អ្នកនឹងនាំយករូបភាពមួយទៅផ្ទះដែលបង្ហាញពីអ្វីដែលកើតឡើងនៅក្នុងរឿងនោះ ។ ច្រាប់កូន អ្នកឲ្យប្រើរូបភាព ដើម្បីនិយាយរឿងនោះឡើងវិញជាភាសាអង់គ្លេស ឬជាអំពីភាសាកំណើតរបស់អ្នក ។

ម្យ៉ាងទៀត កូនរបស់អ្នកនឹងនាំយកមកផ្ទះនូវសកម្មភាពមួយអំពីមុខរបរអាជីវករនានា ។ សូមឆ្លៀតពេលធ្វើសកម្មភាពតាមផ្ទះជាមួយគ្នា ។ គឺមានការណែនាំដូចដែលឃើញមាននៅក្នុងសកម្មភាព៖

សកម្មភាពតាមផ្ទះ៖
កាលណាខ្ញុំធំឡើង

ការណែនាំ៖

1. ជាមួយគ្នា ពិភាក្សាអំពីរូបថតរបស់មនុស្សដែលធ្វើការងារខុសៗគ្នា ។
2. ស្ងូវកូនរបស់អ្នកឲ្យពន្យល់ តើគេចូលចិត្តធ្វើការអ្វីពេលគេធំឡើង ។ កូនរបស់អ្នកអាចជ្រើសរើសយកការងារដែលមិនមានបង្ហាញនៅក្នុងនេះក៏បានដែរ ។
3. ជួយកូនឲ្យគូររូបរបស់គេនៅពេលធ្វើការ ។ រួចរៀបរូបភាពជាមួយគ្នា ។ បើសិនជាអាចធ្វើទៅរកមើលខោអាវរបៃមនទេ ឬសម្ភារៈដើម្បីជួយក្នុងសកម្មភាពនេះ ។ រូបថតនៃសំលៀកបំពាក់ ឬសម្ភារៈនិងប្រើការបានល្អដែរ ។

ដោយក្តីស្មោះស្ម័គ្រ

_____

Name_____

Home Activity
When I Grow Up

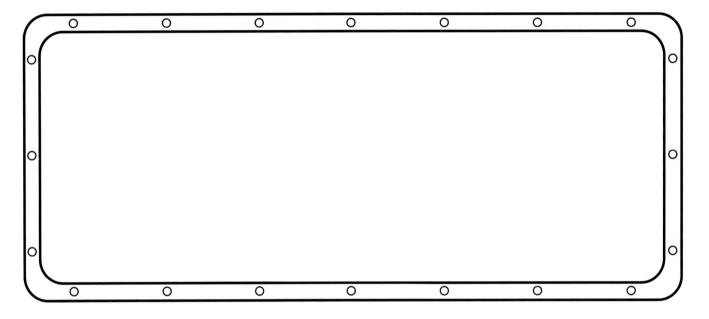

construction worker

firefighter

mail carrier

police officer

doctor

Directions:

1. Together, talk about the pictures of people doing different kinds of jobs.
2. Ask your child to explain which job he or she would like to do as an adult. Your child may also choose a job that is not shown.
3. Help your child draw a picture of himself or herself at work. Then, act out the picture together. If possible, find real clothing or tools to help with the action. Pictures of clothing or tools would work well, too.

Name_____

Home Activity
Good News

school

bakery

library

flower shop

home

playground

Dear Family,

Our class is ready to begin Unit 4 of *On Our Way to English*. Your child is learning about weather. Some new words that your child will learn are *cloudy, cold, Earth, hat, hot, jacket, rain, rainy, snowy, sunny, umbrella, weather,* and *windy*.

- Your child will bring home a song about weather. The song sheet shows two children in different kinds of weather. It also shows weather-related objects. As your child sings the song, have him or her show you how to lift the flaps to see each picture. Discuss each season's weather and your favorite seasonal activities.

- Our class will also read a book called *What Is the Weather Outside?* Your child will bring home a picture that shows what happens in the book. Ask your child to use the picture to talk about different kinds of weather in English or in your home language.

Also, your child will bring home an activity about weather. Please take the time to do this Home Activity together. These are the directions as they appear on the activity:

Home Activity
Watching the Weather

Directions:

1. For three days, watch the weather outside your window.
2. Each day, have your child circle and color the box that shows the weather conditions outside.
3. Ask your child what clothing he or she chose to wear and whether it was a good day to play outside.
4. Ask, "Did you choose your clothes because of the weather?"

Sincerely,

Estimada familia:

Nuestra clase está lista para empezar la Unidad 4 de *On Our Way to English*. Su hijo o hija aprenderá sobre el clima. Algunas de las palabras nuevas que aprenderá son: *cloudy, cold, Earth, hat, hot, jacket, rain, rainy, snowy, sunny, umbrella, weather* y *windy*.

- Su hijo o hija llevará a casa una canción sobre el clima. La hoja de la canción muestra dos niños en distintos climas y objetos relacionados con el clima. Mientras su hijo o hija canta la canción, pídale que le enseñe cómo levantar las tapas para ver cada ilustración. Dialoguen sobre el clima y sus actividades favoritas de cada estación.

- Nuestra clase también leerá el libro *What Is the Weather Outside?* Su hijo o hija llevará a casa una ilustración sobre lo que sucede en el libro. Pídale que con ayuda de la ilustración hable sobre los distintos tipos de clima, en inglés o en su lengua materna.

Su hijo o hija también llevará a casa una actividad sobre el clima. Por favor, dedique tiempo para realizar esta actividad junto con él o ella. Estas son las instrucciones que aparecen en la actividad:

Actividad para hacer en casa
Observar el clima

Instrucciones:

1. Durante tres días, observen por la ventana el clima.
2. Cada día, pida a su hijo o hija que encierre en un círculo y coloree el recuadro que muestra las condiciones del clima.
3. Pregúntele qué tipo de ropa decidió ponerse y si es un buen día para jugar afuera.
4. Pregúntele: ¿Decidiste ponerte esa la ropa debido al clima?

Atentamente,

_____

Kính Gửi Phụ Huynh Học Sinh,

Lớp chúng tôi đã sẵn sàng bắt đầu Bài Số 4 của giáo trình *On Our Way to English*. Con quý vị đang học về thời tiết. Một số từ mới mà cháu sẽ học là *cloudy, cold, Earth, hat, hot, jacket, rain, rainy, snowy, sunny, umbrella, weather,* và *windy*.

- Con quý vị sẽ đem về nhà một bài hát nói về thời tiết. Tờ in lời bài hát có hình hai em nhỏ ở hai thời tiết khác nhau. Tờ in lời bài hát cũng có hình vẽ một số đồ vật có liên quan đến thời tiết. Khi con quý vị hát bài này, quý vị hãy yêu cháu giở các bìa ngoài sao cho có thể nhìn thấy mỗi bức tranh. Hãy nói chuyện với cháu về thời tiết của từng mùa và những việc mà cháu và quý vị thích làm theo mùa.

- Lớp chúng tôi cũng sẽ đọc một quyển sách có tên là *What Is the Weather Outside?* Con quý vị sẽ đem về nhà một bức tranh miêu tả diễn biến của câu chuyện. Quý vị hãy yêu cầu cháu dựa vào bức tranh để nói về những loại thời tiết khác nhau bằng tiếng Anh hoặc tiếng mẹ đẻ của mình.

Con quý vị cũng sẽ đem về một bài tập liên quan đến thời tiết. Quý vị hãy giành chút thời gian để cùng làm Bài Tập Ở Nhà này với cháu. Các chỉ dẫn sau sẽ xuất hiện trên bài tập:

Bài Tập Ở Nhà
Theo Dõi Thời Tiết

Chỉ Dẫn:

1. Quý vị hãy theo dõi thời tiết ngoài cửa sổ trong ba ngày liền

2. Ngày nào cũng yêu cầu cháu khoanh tròn và tô màu ô vẽ miêu tả điều kiện thời tiết bên ngoài.

3. Hỏi xem cháu muốn mặc gì và liệu thời tiết có đẹp để ra ngoài chơi không.

4. Hỏi cháu "Có phải con chọn quần áo theo thời tiết không?"

Kính thư,

Hawm txog Tsoom Niam Txiv,

Peb chav kawm npaj txhij los pib Nqe 4 ntawm *On Our Way to English*. Nej tus menyuam tabtom kawm txog huab cua. Tej cov lo lus tshiab uas nws yuav kawm yog *cloudy, cold, Earth, hat, hot, jacket, rain, rainy, snowy, sunny, umbrella, weather,* thiab *windy.*

- Nej tus menyuam yuav nqa los tsev ib zaj nkauj txog huab cua. Daim ntawv nkauj qhia txog ob tus menyuam nyob hauv ob hom huab cua sib txawv. Nws qhia ntxiv txog cov yam khoom txuas txog huab cua. Thaum nws hu nkauj, hais kom nws qhia nej tias yuav tsa cov txiag npog licas kom pom txhua daim duab. Tham txog huab cua hauv txhua lub caij thiab tes dejnum nej nyiam tshaj nyob txhua lub caij thaum.

- Peb chav kawm yuav nyeem ntxiv ib phau ntawv hu ua *What Is the Weather Outside?* Nej tus menyuam yuav nqa los tsev ib daim duab qhia txog yam tshwmsim hauv phau ntawv. Hais kom nws siv daim duab los piav txog cov huab cua sib txawv ua lus Aakiv lossis ua nej hom lus.

Thiab, nej tus menyuam yuav nqa los tsev ib yam dejnum txog huab cua. Muab sijhawm los ua Tes Dejnum tom Tsev uake. Nov yog cov hau kev qhia ua haujlwm:

Dejnum tom Tsev
Saib Huab Cua

Cov Hau Kev Qhia:

1. Peb hnub tom ntej, saib huab cua ntawm lub qhov rai mus.
2. Txhua hnub, kom nws kos vojvoog ncig thiab rau xim rau cov kem qhia txog huab cua.
3. Nug saib hom tsoos tsho twg nws xaiv los hnav thiab saib puas yog ib hnub zoo mus uasi nraum zoov.
4. Nug, "Puas yog koj xaiv koj cov ris tsho vim cov huab cua?"

Ua tsaug ntau,

親愛的家長：

我們即將開始學習 *On Our Way to English* 單元 4 的內容，教導貴子女認識天氣。貴子女將會學到一些新字：*cloudy, cold, Earth, hat, hot, jacket, rain, rainy, snowy, sunny, umbrella, weather,* 和 *windy*。

- 貴子女會帶一首關於天氣的歌回家。歌詞中有兩個兒童處於不同的天氣中，並顯示與天氣有關的事物。當貴子女唱歌時，叫他／她示範怎樣打開摺片看每幅圖畫。討論每個季節的天氣和您們最喜愛的季節活動。

- 我們也會讀一本叫做 *What Is the Weather Outside?* 的書。貴子女會將一幅描寫書中情節的圖畫帶回家。請您叫貴子女用這幅圖畫以英語或您的母語談論各種不同的天氣。

此外，貴子女也會把一項關於天氣的活動帶回家。請抽空與貴子女一起進行這項家庭活動。以下是有關活動的指示：

家庭活動
觀察天氣

指示：

1. 在三天內觀察窗外的天氣。
2. 每天叫貴子女圈出表示窗外天氣的格子，並塗上顏色。
3. 問貴子女想穿什麼衣服以及當天是否適合在外面玩耍。
4. 問貴子女：「你是否因天氣而選擇這套衣服？」

敬上

Chè fanmi,

Klas nou an prè pou l kòmanse 4èm Inite nan liv *On Our Way to English*. Pitit ou an ap aprann bagay sou tan. Kèk nouvo mo pitit ou an pral aprann se *cloudy, cold, Earth, hat, hot, jacket, rain, rainy, snowy, sunny, umbrella, weather*, epi *windy*.

- Pitit ou an pral pote lakay li yon chante osijè tan. Fèy ki gen chante a montre de timoun ki nan tan diferan. Li montre tou bagay ki gen rapò ak tan. Pandan pitit ou an ap chante chante a, fè li montre w kouman pou leve pòch yo pouka wè chak foto. Diskite sou tan chak sezon epi ki aktivite ou renmen fè nan sezon yo.

- Epitou klas nou an pral fè lekti yon liv yo rele *What Is the Weather Outside?* Pitit ou an pral pote lakay li yon foto ki montre ki sa k ap pase nan liv lan. Mande pitit ou an pou li itilize foto an pou li rakonte istwa a ankò an anglè oswa nan lang natif natal ou.

Epi, pitit ou an pral pote lakay li yon aktivite osijè tan. Silvouplè pran tan pou fè Aktivite Lakay sa ansanm. Men enstriksyon yo jan yo parèt nan aktivite a :

Aktivite Lakay
Siveye Tanperati a

Enstriksyon :

1. Pandan twa jou, siveye tan an deyò a nan fenèt ou.
2. Chak jou, fè pitit ou an sèkle epi kolore bwat ki montre kalite tan ki gen deyò a.
3. Mande pitit ou an ki rad li ta chwazi pou mete epi si se yon bon jou pou moun jwe deyò.
4. Mande, 'Èske ou te chwazi rad ou yo akòz tan an ?'

Sensèman,

학부모님께,

저희 학급은 곧 *On Our Way to English* 제 4과를 시작할 예정입니다. 학생들은 날씨에 대하여 배울 것입니다. 학생들이 배울 새 단어는 *cloudy, cold, Earth, hat, hot, jacket, rain, rainy, snowy, sunny, umbrella, weather, windy* 등입니다.

- 학생들은 날씨에 대한 노래를 집으로 가져갈 것입니다. 그 인쇄물에는 각각 다른 날씨에 있는 두 어린이가 있습니다. 그리고, 날씨와 관련이 있는 사물들도 있습니다. 자녀가 노래를 하면서 종이 뚜껑을 올려서 각 그림을 제대로 보여 줄 수 있는지 확인해 주십시오. 각 계절의 날씨 및 각 계절마다 가장 하고 싶은 일(꽃 구경가기, 수영하기 등)에 대하여 얘기를 나누십시오.

- 저희 학급에서는 또한 *What Is the Weather Outside?*라는 이야기책을 읽을 것입니다. 학생들은 이야기책에서 일어났던 일을 보여주는 그림을 집으로 가져갈 것입니다. 가정에서는 자녀가 그림을 이용하여 여러 가지 날씨에 대하여 영어나 모국어로 이야기 할 수 있도록 지도해 주십시오.

또한, 날씨에 관한 학습지를 집에 가져갈 것입니다. 학부모님은 시간을 내어 가정학습지를 자녀와 함께 하여 주십시오. 다음은 학습지 상에서 보실 수 있는 지침입니다.

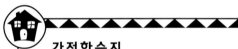

가정학습지

날씨 관찰

지침

1. 사흘 동안 창문을 통해 바깥의 날씨를 관찰해 주십시오.
2. 매일 자녀에게 외부 날씨 상태를 나타내는 상자에 동그라미하고 색칠하게 하십시오.
3. 자녀에게 어떤 옷을 입을 것인지 및 바깥에서 놀기 좋은 날씨인지 물어봐 주십시오.
4. "날씨 때문에 그 옷을 골랐니?"라고 확인해 주십시오.

감사합니다.

ជូនចំពោះគ្រួសារ,

ថ្នាក់រៀនរបស់យើងប្រុងប្រៀបចាប់ផ្ដើមរៀន រក្តទី 4 នៃសៀវភៅ *On Our Way to English* ។ កូនរបស់អ្នកកំពុងរៀនអំពីធាតុអាកាស ។ ពាក្យថ្មីៗខ្លះដែលកូនរបស់អ្នកនឹងរៀនគឺដូចជាពាក្យ *cloudy, cold, Earth, hat, hot, jacket, rain, rainy, snowy, sunny, umbrella, weather,* និង *windy* ។

- កូនរបស់អ្នកនឹងនាំយកមកផ្ទះនូវចំរៀងមួយបទអំពីធាតុអាកាស ។ ត្រជាស់ចំរៀងបង្ហាញនូវរក្មេងពីរនាក់នៅក្នុងធាតុ អាកាសពីរប្រភេទផ្សេងគ្នា ។ សៀវភៅនោះក៏មានបង្ហាញនូវរបស់ដែលទាក់ទងនឹងធាតុអាកាស ។ ពេលកូនអ្នកច្រៀងចំរៀង សូរគេឲ្យប្រាប់អ្នករវេរៀបលើកសន្លះតម្រាប់ដើម្បីមើលរូបភាពធម្មយៗ ។ ពិភាក្សាអំពីធាតុអាកាសក្នុងរដូវនិមួយៗ ហើយនិងសកម្មភាពដែលចូលចិត្តជាគេក្នុងរដូវនិមួយៗ ។

- ថ្នាក់រៀនរបស់យើងក៏នឹងអានរឿងមួយដែលមានចំណងជើងថា *What Is the Weather Outside?* កូនរបស់អ្នកនឹងនាំយករូបភាពមួយទៅផ្ទះដែលបង្ហាញពីអ្វីដែលគេគិតឡើងនៅក្នុងសៀវភៅ ។ ព្រាប់កូនអ្នកឲ្យប្រើរូបភាព ដើម្បីនិយាយអំពីប្រភេទនៃធាតុអាកាសនិមួយៗជាភាសាអង់គ្លេស ឬជាភាសាកំណើតរបស់អ្នក ។

ម៉្យាងទៀត កូនរបស់អ្នកនឹងនាំយកមកផ្ទះនូវសកម្មភាពមួយអំពីធាតុអាកាស ។ សូមឆ្លៀតពេលធ្វើសកម្មភាពតាមផ្ទះជាមួយគ្នា ។ គឺមានការណែនាំដូចដែលឃើញមានទៅក្នុងសកម្មភាព:

សកម្មភាពតាមផ្ទះ:
មើលធាតុអាកាស

ការណែនាំ៖

1. រយៈពេលបីថ្ងៃ មើលធាតុអាកាសខាងក្រៅតាមមាត់បង្ហូចរបស់អ្នក ។

2. រៀងរាល់ថ្ងៃ ព្រាប់ឲ្យកូនអ្នកគូសរង្វង់ ហើយផាត់ពណ៌ប្រាប់ដែលបង្ហាញនូវរសភាពធាតុអាកាសនៅខាងក្រៅ ។

3. សូរកូនអ្នកតើសំលៀកបំពាក់អ្វីដែលគេជ្រើសយកសំរាប់ពាក់ ហើយតើថ្ងៃនោះជាថ្ងៃល្អសំរាប់លេងខាងក្រៅបានទេ ។

4. សូរ "តើអ្នកជ្រើសយកសំលៀកបំពាក់របស់អ្នកដោយសារមកពីធាតុអាកាសឬ?"

ដោយក្ដីស្មោះស្ម័គ្រ

_____

Name_____

Home Activity
Watching the Weather

Day 1	Day 2	Day 3
sunny	sunny	sunny
rainy	rainy	rainy
snowy	snowy	snowy
cloudy	cloudy	cloudy

Directions:

1. For three days, watch the weather outside your window.

2. Each day, have your child circle and color the box that shows the weather conditions outside.

3. Ask your child what clothing he or she chose to wear and whether it was a good day to play outside.

4. Ask, "Did you choose your clothes because of the weather?"

Name _____

What is the Weather Outside?

hot

cold

snow

clouds

rain

wind

sun

Dear Family,

Our class is ready to begin Unit 5 of *On Our Way to English*. Unit 5 is about animals and their homes. Some new words that your child will learn are *animal, home, bird, nest, den, bat, cave, bee, hive, rabbit, burrow, mice, monkey, tree, frog,* and *pond*.

- Your child will bring home a song about animals and their homes. This sheet also has pictures that can be moved. Ask your child to sing the song and to move the parts as he or she sings. Find out if your child can name the animals and their homes.

- Our class will also read a story called *Mother Duck's Walk*. Your child will bring home a sheet with pictures that show where Mother Duck looked for her five lost ducklings. Ask your child to use the pictures to retell the story in English or in your home language.

Also, your child will bring home an activity about animals. Please take the time to do this Home Activity together. These are the directions as they appear on the activity:

Home Activity
Animal Search Game

Directions:

1. Take your child on a walk.
2. Look for animals such as squirrels, insects, and birds.
3. Count the ones you see. Mark the numbers on the chart.
4. Have your child draw his or her favorite animal. Hang the drawing for everyone to see.

Sincerely,

Estimada familia:

Nuestra clase está lista para empezar la Unidad 5 de *On Our Way to English*. Su hijo o hija aprenderá sobre los animales y los lugares donde viven. Algunas de las palabras nuevas que aprenderá son: *animal, home, bird, nest, den, bat, cave, bee, hive, rabbit, burrow, mice, monkey, tree, frog* y *pond*.

- Su hijo o hija llevará a casa una canción sobre los animales y los lugares donde viven. La hoja de la canción tiene ilustraciones que se mueven. Pida a su hijo o hija que cante la canción mientras mueve las distintas partes. Compruebe si su hijo o hija puede nombrar los animales y los lugares donde viven.

- Nuestra clase también leerá el libro *Mother Duck's Walk*. Su hijo o hija llevará a casa una hoja con ilustraciones sobre los lugares donde la mamá pata buscó a sus cinco patitos perdidos. Pídale que con ayuda de la ilustración le cuente el cuento en inglés o en su lengua materna.

Su hijo o hija también llevará a casa una actividad sobre animales. Por favor, dedique tiempo para realizar esta actividad junto con él o ella. Estas son las instrucciones que aparecen en la actividad:

Actividad para hacer en casa
Busca los animales

Instrucciones:

1. Dé un paseo con su hijo o hija.
2. Busquen animales como ardillas, insectos y aves.
3. Cuenten los animales que vean. Marque los números en la tabla.
4. Pida a su hijo o hija que dibuje a su animal favorito. Coloque el dibujo donde todos lo puedan ver.

Atentamente,

_____

Kính Gửi Phụ Huynh Học Sinh,

Lớp chúng tôi đã sẵn sàng bắt đầu Bài Số 5 của giáo trình *On Our Way to English*. Bài Số 5 có nội dung về các con vật và nơi ở của chúng. Một số từ mới mà cháu sẽ học là *animal, home, bird, nest, den, bat, cave, bee, hive, rabbit, burrow, mice, monkey, tree, frog,* và *pond*.

- Con quý vị sẽ đem về nhà một bài hát về các con vật và nơi ở của chúng. Tờ in lời bài hát có một số phần có thể dịch chuyển được. Quý vị hãy yêu cầu cháu vừa hát bài này vừa di chuyển các phần ở tờ in lời bài hát. Hãy hỏi xem cháu có gọi được tên của các con vật và nơi ở của chúng không.

- Lớp chúng tôi cũng sẽ đọc một quyển sách có tên là *Mother Duck's Walk*. Con quý vị sẽ đem về nhà một tờ in các hình miêu tả những nơi vịt mẹ đã tới để tìm lại năm chú vịt con bị lạc. Quý vị hãy yêu cầu cháu dựa vào bức tranh để kể lại câu chuyện bằng tiếng Anh hoặc tiếng mẹ đẻ của mình.

Con quý vị cũng sẽ đem về một bài tập liên quan đến các con vật. Quý vị hãy giành chút thời gian để cùng làm Bài Tập Ở Nhà này với cháu. Các chỉ dẫn sau sẽ xuất hiện trên bài tập:

Bài Tập Ở Nhà

Trò Chơi Đi Tìm Các Con Vật

Chỉ Dẫn:

1. Quý vị hãy dẫn cháu đi dạo.
2. Tìm các con vật như sóc, côn trùng và chim.
3. Đếm các con vật mà quý vị và cháu nhìn thấy. Đánh dấu các số đếm được vào biểu đồ.
4. Yêu cầu cháu vẽ một con vật mà cháu yêu thích. Treo bức tranh lên để mọi người cùng xem.

Kính thư,

Hawm txog Tsoom Niam Txiv,

Peb chav kawm npaj txhij los pib Nqe 5 ntawm *On Our Way to English*. Nqe 5 yog hais txog tsiaj thiab lawv cov tsev. Tej cov lo lus tshiab uas nej tus menyuam yuav kawm yog *animal, home, bird, nest, den, bat, cave, bee, hive, rabbit, burrow, mice, monkey, tree, frog* thiab *pond*.

- Nej tus menyuam yuav nqa los tsev ib zaj nkauj txog cov tsiaj thiab lawv cov tsev. Muaj cov duab txav tau. Hais kom nws hu zaj nkauj thiab txav cov ntu duab thaum nws hu nkauj. Nrhiav xyuas saib nws tis npe puas tau rau cov tsiaj thiab lawv cov tsev.

- Peb chav kawm yuav nyeem ntxiv ib zaj dabneeg hu ua *Mother Duck's Walk*. Nej tus menyuam yuav nqa los tsev ib daim duab uas qhia txog qhov chaw Niam Os nrhiav nws tsib tus menyuam os uas ploj lawm. Hais kom nws siv daim duab los piav zaj dabneeg dua ua lus Aakiv lossis ua nej hom lus.

Thiab, nej tus menyuam yuav nqa los tsev ib yam dejnum txog cov tsiaj. Muab sijhawm los ua Tes Dejnum tom Tsev uake. Nov yog cov hau kev qhia ua haujlwm:

Dejnum tom Tsev
Game Nrhiav Tsiaj

Cov Hau Kev Qhia:

1. Coj nej tus menyuam mus taug kev.
2. Nrhiav saib cov tsiaj xws li nas ncuav, kab, thiab noog.
3. Suav cov nej pom. Kos tus nab npawb rau daim ntawv teev kab ntsug.
4. Hais kom nws kos duab txog tus tsiaj nws nyiam tshaj. Muab daim duab dai kom sawv daws nrog pom.

Ua tsaug ntau,

親愛的家長：

我們即將開始學習 *On Our Way to English* 單元 5 的內容，單元 5 的主題是動物及其家園。貴子女將會學到一些新字：*animal, home, bird, nest, den, bat, cave, bee, hive, rabbit, burrow, mice, monkey, tree, frog,* 和 *pond*。

- 貴子女會帶一首關於動物和及其家園的歌回家。歌詞上也有可以移動的圖片。叫貴子女一面唱歌，一面移動這些圖片。看看貴子女能不能說出這些動物及其家園的名稱。

- 我們也會讀一個叫做 *Mother Duck's Walk* 的故事。貴子女會將一份歌詞帶回家。歌詞上有圖畫顯示鴨媽媽到處尋找五隻迷路的小鴨。請您叫貴子女用這些圖畫以英語或您的母語複述故事。

此外，貴子女也會把一項關於動物的活動帶回家。 請抽空與貴子女一起進行這項家庭活動。以下是有關活動的指示：

 家庭活動

找動物遊戲

指示：

1. 帶貴子女出外散步。
2. 尋找松鼠、昆蟲和鳥等動物。
3. 數數您們看到的動物數目。將數目填在表格內。
4. 叫貴子女繪畫最喜愛的動物。將圖畫掛起來供大家觀賞。

敬上

Chè fanmi,

Klas nou an prè pou l kòmanse 5èm Inite nan liv *On Our Way to English*. 5èm Inite a pale sou zannimo ak kote yo rete. Kèk nouvo mo pitit ou an pral aprann se *animal, home, bird, nest, den, bat, cave, bee, hive, rabbit, burrow, mice, monkey, tree, frog* epi *pond*.

- Pitit ou an pral pote lakay li yon chante osijè zannimo yo epi kote yo rete yo. Fèy sa genyen tou kèk foto ki ka deplase. Mande pitit ou an pou li chante chak chante pandan l ap deplase pati yo. Chèche konnen si pitit ou an ka nonmen non zannimo yo ak kote yo rete yo.

- Epitou klas nou an pral fè lekti tou yon istwa yo rele *Mother Duck's Walk*. Pitit ou an pral pote lakay li yon fèy ki gen kèk foto ki montre kote Manman Kana te al gade pou l te ka jwenn senk ti kana li te pèdi. Mande pitit ou an pou li itilize foto an pou li rakonte istwa a ankò an anglè oswa nan lang natif natal ou.

Epi, pitit ou an pral pote lakay li yon aktivite osijè zannimo yo. Silvouplè pran tan pou fè Aktivite Lakay sa ansanm. Men enstriksyon yo jan yo parèt nan aktivite a :

Aktivite Lakay
Jwèt Chèche Zannimo

Enstriksyon :

1. Mennen pitit ou an al fè yon ti mache.
2. Chèche zannimo tankou ekirèy, ensèk, epi zwazo.
3. Konte sa ou wè yo. Make nimewo yo nan tablo a.
4. Fè pitit ou an desine zannimo li pi renmen an. Kroke desen an kote tout moun ka wè l.

Sensèman,

_____

학부모님께,

저희 학급은 곧 *On Our Way to English* 제 5과를 시작할 예정입니다. 학생들은 동물과 동물이 사는 집에 관해 배울 것입니다. 학생들이 배울 새 단어는 *animal, home, bird, nest, den, bat, cave, bee, hive, rabbit, burrow, mice, monkey, tree, frog, pond* 등입니다.

- 학생들은 동물과 동물의 집에 대한 노래를 집으로 가져갈 것입니다. 그 인쇄물은 움직일 수 있는 그림이 있습니다. 자녀에게 움직이는 부분을 움직여가며 노래를 불러보게 하십시오. 학부모님은 자녀가 동물의 이름과 각 동물의 집을 부르는 이름을 알고 있는지 확인해 주십시오.

- 저희 학급에서는 또한 *Mother Duck's Walk*이라는 이야기책을 읽을 것입니다. 학생들은 엄마 오리가 다섯 마리의 아기 오리를 찾으려고 가 본 곳을 보여주는 그림을 집으로 가져갈 것입니다. 가정에서는 자녀가 그림을 이용하여 책의 내용을 영어나 모국어로 다시 이야기할 수 있도록 지도해 주십시오.

또한, 동물에 관한 학습지를 집에 가져갈 것입니다. 학부모님은 시간을 내어 가정학습지를 자녀와 함께 하여 주십시오. 다음은 학습지 상에서 보실 수 있는 지침입니다.

가정학습지

동물 찾기 게임

지침

1. 자녀와 함께 산책을 나가십시오.
2. 다람쥐, 곤충 혹은 새와 같은 동물들을 찾아보십시오.
3. 찾은 동물을 세어 보십시오. 표에 각 동물의 수를 써 넣습니다.
4. 자녀에게 가장 좋아하는 동물을 그려 보게 하십시오. 그림을 모두가 볼 수 있는 곳에 걸어 둡니다.

감사합니다.

ជូនចំពោះគ្រួសារ,

ថ្នាក់រៀនរបស់យើងកំពុងប្រៀបចាប់ផ្ដើមរៀន វគ្គទី 5 នៃសៀវភៅ *On Our Way to English* ។ កូនរបស់អ្នកកំពុងរៀនអំពីសត្វ និងជម្រក (ផ្ទះ) របស់គេ ។ ពាក្យថ្មីៗខ្លះដែលកូនរបស់អ្នកនឹងរៀនគឺដូចជាពាក្យ *animal, home, bird, nest, den, bat, cave, bee, hive, rabbit, burrow, mice, monkey, tree, frog* និង *pond* ។

- កូនរបស់អ្នកនឹងនាំយកមកផ្ទះនូវចំរៀងមួយបទអំពីសត្វ និងជម្រករបស់វា ។ ត្រជាសចំរៀងនេះក៏មានរូបភាពដែលមានចលនា ។ ប្រាប់កូនរបស់អ្នកឲ្យច្រៀងចំរៀង ហើយបង្ហាញភាពនិមួយៗពេលគេកំពុងច្រៀង ។ សួរកូនអ្នក បើគេអាចប្រាប់ឈ្មោះសត្វ និងជម្រករបស់វា ។

- ថ្នាក់រៀនរបស់យើងក៏អានរឿងមួយដែលមានចំណងជើងថា *Mother Duck's Walk* ។ កូនរបស់អ្នកនឹងនាំយកមករូបភាពមួយយកទៅផ្ទះ ដែលបង្ហាញពីកន្លែងដែលមេទាជើករកកូនទារវង្វេងផ្លូវទាំងប្រាំរបស់វា ។ ប្រាប់កូនអ្នកឲ្យប្រើរូបភាព ដើម្បីនិយាយរឿងនោះឡើង វិញជាភាសាអង់គ្លេស ឬជាភាសាកំណើតរបស់អ្នក ។

ម្យ៉ាងទៀត កូនរបស់អ្នកនឹងនាំយកមកផ្ទះនូវសកម្មភាពមួយអំពីសត្វ ។ សូមឆ្លៀតពេលធ្វើសកម្មភាពតាមផ្ទះ ជាមួយគ្នា ។ គឺមានការណែនាំដូចដែលយើញមាននៅក្នុងសកម្មភាព៖

សកម្មភាពតាមផ្ទះ៖
ល្បែងស្វែងរកសត្វ

ការណែនាំ៖

1. យកកូនរបស់អ្នកដើររកំសាន្តលេងជាមួយ ។
2. រកមើលសត្វដូចជាសត្វកំប្រុក សត្វល្អិត និងសត្វស្លាប ។
3. រាប់សត្វដែលអ្នកយើញ ។ គូសគំនូសនៅលើតារាង ។
4. ប្រាប់ឲ្យកូនអ្នកគូររូបសត្វដែលគេចូលចិត្ត ។ ព្យូរគំនូរនោះលើជញ្ជាំងដើម្បីឲ្យមនុស្សរាល់គ្នាយើញផង ។

ដោយក្ដីស្មោះស្ម័គ្រ

_____

Name_____

Animal Search Game

Animal	Number	Total
bird	IIII	5

Directions:
1. Take your child on a walk.
2. Look for animals such as squirrels, insects, and birds.
3. Count the ones you see. Mark the numbers on the chart.
4. Have your child draw his or her favorite animal. Hang the drawing for everyone to see.

Name _____

Home Activity
Mother Duck's Walk

Mother Duck

rock

leaves

hill

grass

ducklings

Dear Family,

Our class is ready to begin Unit 6 of *On Our Way to English*. Your child is learning about how people and plants grow. Some new words that your child will learn are *adult, baby, boy, cat, chick, chicken, children, dog, flower, girl, grow, kitten, man, puppy, seed, soil,* and *woman.*

- Your child will bring home a song about how people grow and change. The song sheet comes with a set of cards. As your child sings the song, have him or her place the cards in the correct places on the sheet. Ask your child to name family members who are babies, children, parents, and grandparents.

- Our class will also read a book called *Little Kitten, Big Cat*. The book is about how a kitten grows into a cat. Your child will bring home a picture that shows what happens in the book. Ask your child to use the pictures to review the information in English or in your home language.

Also, your child will bring home an activity about growing up. Please take the time to do this Home Activity together. These are the directions as they appear on the activity:

Home Activity
Memories About Me

Directions:

1. Look at the ages listed below each picture box on the sheet.
2. Share your memories about how your child looked and acted at each age.
3. Have your child draw a picture of himself or herself at each age. You can also use photographs to show your memories.
4. Ask your child to talk about what he or she could do at each age.

Sincerely,

_____

Estimada familia:

Nuestra clase está lista para empezar la Unidad 6 de *On Our Way to English*. Su hijo o hija aprenderá sobre cómo crecen las personas y las plantas. Algunas de las palabras nuevas que aprenderá son: *adult, baby, boy, cat, chick, chicken, children, dog, flower, girl, grow, kitten, man, puppy, seed, soil* y *woman*.

- Su hijo o hija llevará a casa una canción sobre cómo las personas crecen y cambian. La hoja de la canción viene con un paquete de tarjetas. Mientras su hijo o hija canta la canción, pídale que coloque las tarjetas en los lugares correspondientes de la hoja. Pídale que nombre los miembros de su familia que son bebés, niños, adultos, padres y abuelos.

- Nuestra clase también leerá el libro *Little Kitten, Big Cat*. Este libro trata de un gatito que crece y se convierte en adulto. Su hijo o hija llevará a casa una ilustración sobre lo que sucede en el cuento. Pídale que con ayuda de las ilustraciones repase la información en inglés o en su lengua materna.

Su hijo o hija también llevará a casa una actividad sobre el crecimiento. Por favor, dedique tiempo para realizar esta actividad junto con él o ella. Estas son las instrucciones que aparecen en la actividad:

Actividad para hacer en casa
Recuerdos míos

Instrucciones:

1. Observe las edades que aparecen abajo de cada ilustración en la hoja.
2. Comparta con su hijo o hija sus recuerdos de cómo era él o ella y de las cosas que hacía cuando tenía esa edad.
3. Pídale que haga un dibujo de cómo era a cada edad. También puede usar fotografías para mostrarle sus recuerdos.
4. Pídale que hable sobre las cosas que podía hacer a cada edad.

Atentamente,

_____

Kính Gửi Phụ Huynh Học Sinh,

Lớp chúng tôi đã sẵn sàng bắt đầu Bài Số 6 của giáo trình *On Our Way to English*. Con của quý vị đang học về sự phát triển của người và thực vật. Một số từ mới mà cháu sẽ học là *adult, baby, boy, cat, chick, chicken, children, dog, flower, girl, grow, kitten, man, puppy, seed, soil,* và *woman*.

- Con quý vị sẽ đem về nhà một bài hát nói về sự phát triển của người và thực vật. Đi kèm với tờ in lời bài hát là một bộ thẻ. Quý vị hãy yêu cầu cháu vừa hát bài này vừa xếp các tấm thẻ vào những ô thích hợp trên tờ in lời bài hát. Hãy yêu cầu cháu phân biệt ai trong gia đình là em bé, thiếu nhi, bố mẹ và ông bà.

- Lớp chúng tôi cũng sẽ đọc một quyển sách có tên là *Little Kitten, Big Cat*. Quyển sách kể chuyện một chú mèo con đã lớn lên như thế nào. Con quý vị sẽ đem về nhà một bức tranh miêu tả diễn biến của câu chuyện. Quý vị hãy yêu cầu cháu dựa vào bức tranh để thuật lại những thông tin này bằng tiếng Anh hoặc tiếng mẹ đẻ của mình.

Con quý vị cũng sẽ đem về một bài tập liên quan đến sự phát triển. Quý vị hãy giành chút thời gian để cùng làm Bài Tập Ở Nhà này với cháu. Các chỉ dẫn sau sẽ xuất hiện trên bài tập:

Bài Tập Ở Nhà
Những Kỷ Niệm Về Em

Chỉ Dẫn:

1. Quý vị hãy cùng cháu xem các lứa tuổi được liệt kê phía dưới mỗi ô tranh trên tờ in lời bài hát.
2. Chia xẻ với cháu những kỷ niệm về ngoại hình và hành động của cháu ở mỗi lứa tuổi.
3. Bảo cháu vẽ một bức tranh về bản thân cháu ở từng độ tuổi. Quý vị cũng có thể dùng ảnh để minh hoạ cho những kỷ niệm của mình.
4. Yêu cầu cháu nói xem cháu đã biết làm gì ở từng độ tuổi.

Kính thư,

Hawm txog Tsoom Niam Txiv,

Peb chav kawm npaj txhij los pib Nqe 6 ntawm *On Our Way to English*. Nej tus menyuam tabtom kawm txog tias tibneeg thiab nroj hlob licas. Tej cov lo lus tshiab uas nws yuav kawm yog *adult, baby, boy, cat, chick, chicken, children, dog, flower, girl, grow, kitten, man, puppy, seed, soil* thiab *woman*.

- Nej tus menyuam yuav nqa los tsev ib zaj nkauj txog tias tibneeg hlob thiab hloov licas. Daim ntawv nkauj los nrog ib pob card. Thaum nws hu zaj nkauj, hais kom nws tso cov card kom raug lawv cov chaw saum daim ntawv. Hais kom nws tis npe rau cov neeg hauv nej tsev neeg uas yog menyuam mos, menyuam yaus, niam txiv, thiab pog yawg.

- Peb chav kawm yuav nyeem ntxiv ib phau ntawv hu ua *Little Kitten, Big Cat*. Phau ntawv teev txog tias ib tus menyuam miv hlob mus ua ib tus miv licas. Nej tus menyuam yuav nqa los tsev ib daim duab qhia txog yam tshwmsim hauv phau ntawv. Hais kom nws siv cov duab los xyuas cov xov dua ua lus Aakiv lossis ua nej hom lus.

Thiab, nej tus menyuam yuav nqa los tsev ib yam dejnum txog loj hlob tuaj. Muab sijhawm los ua Tes Dejnum tom Tsev uake. Nov yog cov hau kev qhia ua haujlwm:

Dejnum tom Tsev
Nco Txog Kuv

Cov Hau Kev Qhia:

1. Saib cov hnub nyoog hauv qab txhua kem duab saum daim ntawv.
2. Faib nej cov kev nco txog thaud nej tus menyuam zoo licas thiab ua yeebyam raws txhua lub hnub nyoog.
3. Kom nws kos duab txog nws tus kheej nyob txhua lub hnub nyoog. Nej siv tau cov duab los qhia txog nej cov kev nco.
4. Kom nws piav txog yam nws ua tau nyob txhua lub hnub nyoog.

Ua tsaug ntau,

親愛的家長：

我們即將開始學習 *On Our Way to English* 單元 6 的內容，教導貴子女人和植物怎樣成長。貴子女將會學到一些新字：*adult, baby, boy, cat, chick, chicken, children, dog, flower, girl, grow, kitten, man, puppy, seed, soil,* 和 *woman*。

- 貴子女會帶一首關於人們怎樣長大和改變的歌回家。歌詞會附帶一套卡片。當貴子女唱歌時，叫他 / 她將卡片放在歌詞的正確位置上。叫貴子女說出哪些家庭成員是嬰兒、兒童、父母和（外）祖父母。

- 我們也會讀一本叫做 *Little Kitten, Big Cat* 的書。這本書講述小貓怎樣長成大貓。貴子女會將一幅描寫書中情節的圖畫帶回家。請您叫貴子女用這些圖畫以英語或您的母語複習這些資料。

此外，貴子女也會在家中進行一項關於成長的活動。請抽空與貴子女一起進行這項家庭活動。以下是有關活動的指示：

家庭活動
關於我的回憶

指示：

1. 看看列於紙上每個圖片框下面的年齡。
2. 告訴貴子女您所記得他 / 她在每個年齡的樣子和行為舉止。
3. 叫貴子女畫圖描繪他 / 她在每個年齡的樣子。您也可以用照片來指出您所記得的樣子。
4. 叫貴子女說說他 / 她在每個年齡可以做什麼。

敬上

Chè fanmi,

Klas nou an prè pou l kòmanse 6èm Inite nan liv *On Our Way to English*. Pitit ou an ap aprann osijè kouman moun ak plant grandi. Kèk mo nouvo pitit ou an pral aprann se *adult, baby, boy, cat, chick, chicken, children, dog, flower, girl, grow, kitten, man, puppy, seed, soil* epi *woman*.

- Pitit ou an pral pote lakay li yon chante osijè kijan moun grandi epi chanje. Fèy ki gen chante genyen yon seri de kat. Pandan pitit ou an ap chante chante a, fè li mete kat yo nan plas yo sou fèy la kòrèkteman. Mande pitit ou an pou li nonmen manm fanmi an ki tibebe, ki timoun, ki paran, epi ki granparan.

- Epitou klas nou an pral fè lekti yon liv yo rele *Little Kitten, Big Cat*. Liv lan pale sou jan yon ti chat grandi pou vin yon gwo chat. Pitit ou an pral pote lakay li yon foto ki montre ki sa k ap pase nan liv lan. Mande pitit ou an pou li itilize foto an pou li rakonte istwa a ankò an anglè oswa nan lang natif natal ou.

Epi, pitit ou an pral pote lakay li yon aktivite osijè lè moun ap grandi. Silvouplè pran tan pou fè Aktivite Lakay sa ansanm. Men enstriksyon yo jan yo parèt nan aktivite a :

Aktivite Lakay
Souvni De Mwenmenm

Enstriksyon :

1. Gade laj yo ki endike anba chak foto nan fèy la.
2. Pataje souvni w yo sou kisa pitit ou an te sanble e kijan li te aji nan diferan laj.
3. Fè pitit ou an desine yon foto de tèt li nan diferan laj. Ou ka itilize foto tou pou montre souvni w yo.
4. Mande pitit ou an pou l pale osijè sa li te ka fè nan chak diferan laj.

Sensèman,

학부모님께,

저희 학급은 곧 *On Our Way to English* 제 6과를 시작할 예정입니다. 학생들은 어떻게 사람과 식물이 성장하는 지에 대하여 배울 것입니다. 학생들이 배울 새 단어는 *adult, baby, boy, cat, chick, chicken, children, dog, flower, girl, grow, kitten, man, puppy, seed, soil, woman* 등입니다.

- 학생들은 어떻게 사람이 자라고 변하는지에 대한 노래를 집으로 가져 갈 것입니다. 인쇄물과 함께 몇 장의 카드도 함께 나누어 줄 것입니다. 자녀가 노래를 하면서 인쇄물의 알맞은 장소에 카드를 놓도록 지도해 주십시오. 자녀에게 아기, 아이들, 부모님 및 할아버지, 할머니의 이름을 아는지 물어봐 주십시오.

- 저희 학급에서는 또한 *Little Kitten, Big Cat*라는 이야기책을 읽을 것입니다. 이 책은 어떻게 작은 아기 고양이가 큰 고양이로 자라는지에 관한 것입니다. 학생들은 책에서 일어났던 일을 보여주는 그림을 집으로 가져갈 것입니다. 가정에서는 자녀가 그림을 이용하여 책 내용을 영어나 모국어로 다시 이야기하도록 지도해 주십시오.

또한, 성장에 관한 학습지를 집에 가져갈 것입니다. 학부모님은 시간을 내어 가정학습지를 자녀와 함께 하여 주십시오. 다음은 학습지 상에서 보실 수 있는 지침입니다.

가정학습지

내가 어렸을 적에

지침

1. 인쇄물 상의 각 그림 상자 밑에 있는 나이를 봅니다.
2. 자녀가 그 나이일 때 어떻게 생겼었는지, 얼마나 컸는지, 그리고 어떻게 행동했는지에 대한 학부모님이 기억 나는 대로 얘기해 주십시오.
3. 각 나이 단계에서의 자신의 모습을 그림으로 그리게 하십시오. 그 때의 사진을 보여 주는 것도 좋은 방법입니다.
4. 자녀에게 각 나이였을 때 자신이 무엇을 할 수 있었는지 물어봐 주십시오.

감사합니다.

ជូនចំពោះគ្រួសារ,

ថ្នាក់រៀនរបស់យើងប្រុងប្រៀបចាប់ផ្ដើមរៀន វគ្គទី 6 នៃសៀវភៅ *On Our Way to English* ។ កូនរបស់អ្នកកំពុងរៀនអំពីរបៀបដែលមនុស្ស និងរុក្ខជាតិលូតលាស់ ។ ពាក្យថ្មីៗខ្លះដែលកូនរបស់អ្នកនឹងរៀនគឺដូចជាពាក្យ *adult, baby, boy, cat, chick, chicken, children, dog, flower, girl, grow, kitten, man, puppy, seed, soil* និង *woman* ។

- កូនរបស់អ្នកនឹងនាំយកមកផ្ទះនូវចំរៀងមួយបទអំពីរបៀបដែលមនុស្សធំលូតលាស់ និងការប្រែប្រួល ។ ត្រជាសចំរៀង នេះមានសន្ទឹកកាតម្លួយកញ្ចប់មកជាមួយដែរ ។ ពេលកូនអ្នកច្រៀង ប្រាប់គេឲ្យដាក់សន្ទឹក កាតនៅក្នុងខ្នែងត្រឹមត្រូវលើសក្រដាស ។ សូមកូនអ្នកឲ្យប្រាប់ឈ្មោះសមាជិកគ្រួសារដែលជាទារក វ័យកុមារ ឬពុកម្ដាយ និងជីដូនជីតា ។

- ថ្នាក់រៀនរបស់យើងក៏នឹងអានរឿងមួយដែលមានចំណងជើងថា *Little Kitten, Big Cat* ។ សៀវភៅនេះនិយាយអំពីរបៀបដែលកូនឆ្មាធំលូតលាស់ទៅជាសត្វឆ្មា ។ កូនរបស់អ្នកនឹងនាំយករូបភាពមួយទៅផ្ទះ ដែលបង្ហាញពីអ្វីដែលកើតឡើងនៅក្នុងសៀវភៅ ។ ប្រាប់កូនអ្នកឲ្យប្រើរូបភាព ដើម្បីពិនិត្យរកពត៌មានសារឡើងវិញជាភាសា អង់គ្លេស ឬជាភាសាកំណើតរបស់អ្នក ។

ម្យ៉ាងទៀត កូនរបស់អ្នកនឹងនាំយកមកផ្ទះនូវសកម្មភាពមួយអំពីការធំលូតលាស់ឡើង ។ សូមធ្វើតពេលធ្វើសកម្មភាពតាមផ្ទះជាមួយគ្នា ។ គឺមានការណែនាំដូចដែលយើញមាននៅក្នុងសកម្មភាព:

សកម្មភាពតាមផ្ទះ៖
អនុស្សាវរិយ៍អំពីខ្ញុំ

ការណែនាំ៖

1. មើលអាយុដែលមានរាយខាងក្រោមប្រអប់រូបភាពនិមួយៗនៅក្នុងក្រដាស ។

2. ចែកកំលែកកូនអនុស្សាវរិយ៍អំពីរបៀបដែលកូនអ្នកមានរូបរាង និងធ្វើសកម្មភាពរៀងអាយុនិមួយៗ ។

3. ប្រាប់ឲ្យកូនអ្នកគូររូបភាពអំពីរូបគេតាមអាយុនិមួយៗ ។ អ្នកអាចប្រើរូបថតដើម្បីបង្ហាញរូបអនុស្សាវរិយ៍ របស់អ្នក ។

4. ប្រាប់ឲ្យកូនអ្នកនិយាយអំពីអ្វីដែលគេអាចធ្វើបាននៅអាយុនិមួយៗ ។

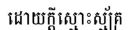

ដោយក្ដីស្មោះស្ម័គ្រ

Name_____

Home Activity
Memories About Me

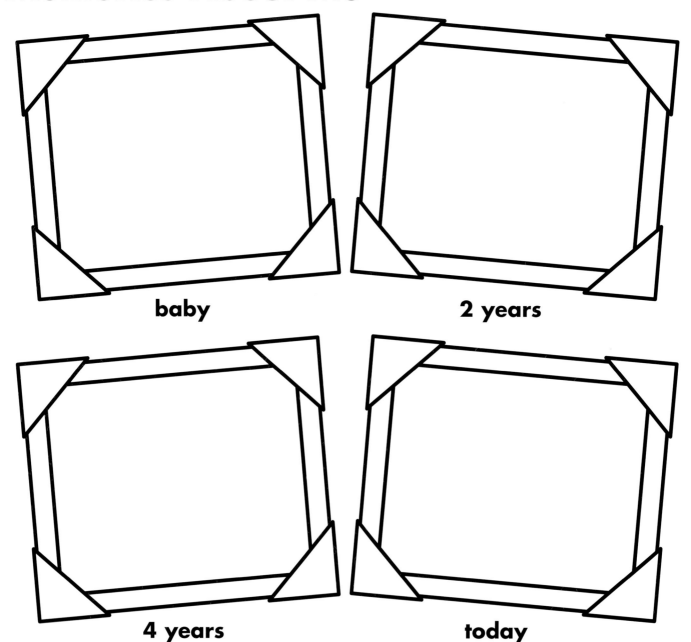

baby

2 years

4 years

today

Directions:

1. Look at the ages listed below each picture box on the sheet.
2. Share your memories about how your child looked and acted at each age.
3. Have your child draw a picture of himself or herself at each age. You can also use photographs to show your memories.
4. Ask your child to talk about what he or she could do at each age.

Name

Home Activity
Little Kitten, Big Cat

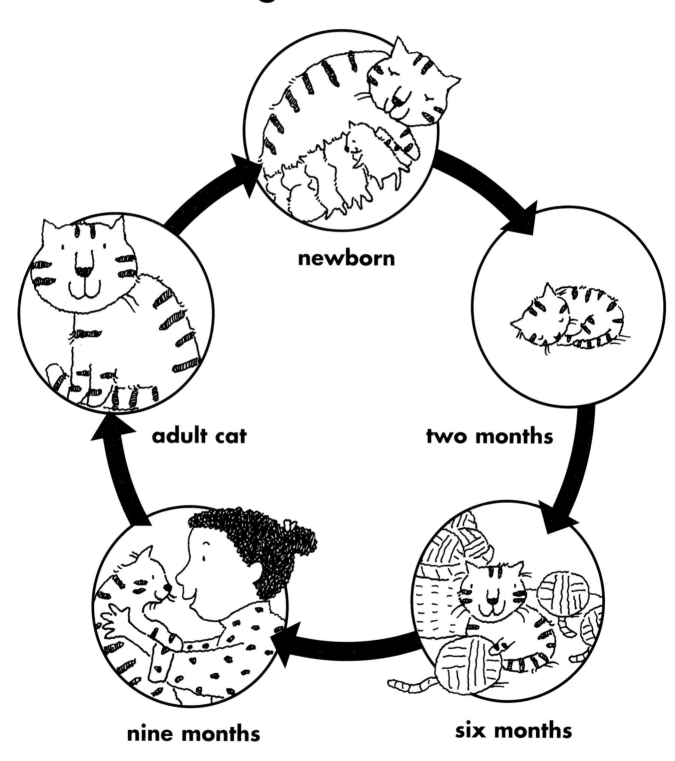

newborn

two months

six months

nine months

adult cat

Dear Family,

Our class is ready to begin Unit 7 of *On Our Way to English*. Your child is learning about personal safety and grooming. Some new words that your child will learn are *eat, exercise, food, healthy, helmet, safe, seat belt, sleep, soap, toothpaste, wash,* and *water.*

- Your child will bring home a song about ways children can stay healthy. As your child sings the song, have him or her show you how to lift each flap to show different healthful activities. Ask your child to explain why each activity is important to staying healthy.

- Our class will also read a book called *Just Like Me!* The book is about how people and animals sometimes do similar things. Your child will bring home a picture that shows what happens in the book. Ask your child to use the picture to review the information in English or in your home language.

Also, your child will bring home an activity about health and safety. Please take the time to do this Home Activity together. These are the directions as they appear on the activity:

Home Activity
How I Stay Safe and Healthy

Directions:

1. Together, read and discuss the activities listed on the chart.
2. Throughout one day, have your child make a mark for each time he or she does each activity.
3. Help your child add up the marks.
4. Have your child cut out the chart and hang it on the refrigerator for a job well done!

Sincerely,

Estimada familia:

Nuestra clase está lista para empezar la Unidad 7 de *On Our Way to English*. Su hijo o hija aprenderá sobre la seguridad y el aseo personal. Algunas de las palabras nuevas que aprenderá son: *eat, exercise, food, healthy, helmet, safe, seat belt, sleep, soap, toothpaste, wash* y *water*.

- Su hijo o hija llevará a casa una canción sobre cómo los niños se mantienen sanos. Mientras su hijo o hija canta la canción, pídale que le enseñe cómo levantar las tapas para ver las distintas actividades saludables. Pídale que explique por qué cada actividad es importante para mantenerse saludable.

- Nuestra clase también leerá el libro *Just Like Me!* Este libro trata de cómo la gente y los animales a veces hacen cosas parecidas. Su hijo o hija llevará a casa una ilustración sobre lo que sucede en el libro. Pídale que con ayuda de la ilustración repase la información en inglés o en su lengua materna.

Su hijo o hija también llevará a casa una actividad sobre la salud y la seguridad. Por favor, dedique tiempo para realizar esta actividad junto con él o ella. Estas son las instrucciones que aparecen en la actividad:

Actividad para hacer en casa
Cómo mantengo mi seguridad y salud

Instrucciones:

1. Junto con su hijo o hija, lea y hable sobre las actividades que aparecen en la tabla.
2. A lo largo de un día, pida a su hijo o hija que haga una marca en la tabla cada vez que realice una de las actividades.
3. Ayúdele a sumar las marcas que hizo.
4. Pídale que recorte la tabla y la cuelgue en el refrigerador para mostrar su buen trabajo.

Atentamente,

Kính Gửi Phụ Huynh Học Sinh,

Lớp chúng tôi đã sẵn sàng bắt đầu Bài Số 7 của giáo trình *On Our Way to English*. Con của quý vị đang học về vấn đề an toàn và vệ sinh cá nhân. Một số từ mới mà cháu sẽ học là *eat, exercise, food, healthy, helmet, safe, seat belt, sleep, soap, toothpaste, wash,* và *water*.

- Con quý vị sẽ đem về nhà một bài hát nói về những việc trẻ em cần làm để có sức khoẻ tốt. Khi cháu hát bài này, quý vị hãy yêu cầu cháu lật các tấm bìa che sao cho quý vị có thể nhìn thấy các hoạt động giữ gìn sức khoẻ khác nhau. Hãy yêu cầu cháu giải thích tại sao các hoạt động này lại quan trọng trong việc bảo vệ sức khỏe.

- Lớp chúng tôi cũng sẽ đọc một quyển sách có tên là *Just Like Me!* Quyển sách nói về người và vật đôi khi có những hành động giống nhau. Con quý vị sẽ đem về nhà một bức tranh miêu tả diễn biến của câu chuyện. Quý vị hãy yêu cầu cháu dựa vào bức tranh để thuật lại những thông tin này bằng tiếng Anh hoặc tiếng mẹ để của mình.

Con quý vị cũng sẽ đem về một bài tập liên quan đến sức khoẻ và sự an toàn cá nhân. Quý vị hãy giành chút thời gian để cùng làm Bài Tập Ở Nhà này với cháu. Các chỉ dẫn sau sẽ xuất hiện trên bài tập:

Bài Tập Ở Nhà
Em Phải Làm Gì Để Luôn Khỏe Mạnh Và An Toàn

Chỉ Dẫn:

1. Quý vị hãy cùng cháu đọc và nói chuyện về các hoạt động được liệt kê trên biểu đồ.
2. Trong suốt ngày hôm đó, hãy yêu cầu cháu vạch một dấu cho mỗi lần cháu thực hiện một hoạt động.
3. Giúp cháu cộng tổng số vạch dấu.
4. Bảo cháu cắt biểu đồ ra và treo trên cửa tủ lạnh để biểu dương cháu.

Kính thư,

_____

Hawm txog Tsoom Niam Txiv,

Peb chav kawm npaj txhij los pib Nqe 7 ntawm *On Our Way to English*. Nej tus menyuam tabtom kawm txog kev cobphum ntawm yus tus kheej thiab kev tu cev. Tej cov lo lus tshiab uas nws yuav kawm yog *eat, exercise, food, healthy, helmet, safe, seat belt, sleep, soap, toothpaste, wash* thiab *water*.

- Nej tus menyuam yuav nqa los tsev ib zaj nkauj txog kev menyuam yaus nyob tau xisneej. Thaum nws hu zaj nkauj, hais kom nws qhia tias tsa txhua daim txiag kom qhia cov dejnum xisneej licas. Hais kom nws piav tias vim licas txhua tes dejnum thiaj tseemceeb kom nyob tau xisneej.

- Peb chav kawm yuav nyeem ntxiv ib phau ntawv hu ua *Just Like Me!* Phau ntawv teev txog tias tibneeg thiab tsiaj qee zaud ua tau tej yam sib thooj. Nej tus menyuam yuav nqa los tsev ib daim duab qhia txog yam tshwmsim hauv phau ntawv. Hais kom nws siv daim duab los xyuas cov xov dua ua lus Aakiv lossis ua nej hom lus.

Thiab, nej tus menyuam yuav nqa los tsev ib yam dejnum txog kev xisneej thiab cobphum. Muab sijhawm los ua Tes Dejnum tom Tsev uake. Nov yog cov hau kev qhia ua haujlwm:

Dejnum tom Tsev

Kuv Nyob Tau Cobphum thiab Xisneej Licas

Cov Hau Kev Qhia:

1. Uake, nyeem thiab tham txog cov dejnum saum daim duab teev kab ntsug.
2. Hauv ib hnub, kom nws kos ib theem kab rau txhua lub caij nws ua ib tes dejnum.
3. Pab nws ntxiv cov theem.
4. Hais kom nws txiav daim duab teev kab ntsug thiab muab dai saum lub tubyees vim tes dejnum ua tau zoo heev!

Ua tsaug ntau,

親愛的家長：

我們即將開始學習 *On Our Way to English* 單元 7 的內容，教導貴子女認識個人安全和整潔。貴子女將會學到一些新字：*eat, exercise, food, healthy, helmet, safe, seat belt, sleep, soap, toothpaste, wash,* 和 *water*。

- 貴子女會帶一首關於兒童怎樣保持健康的歌回家。當貴子女唱歌時，叫他 / 她示範怎樣打開摺片顯示各種維持健康的活動。叫貴子女說明每項活動對保持健康的重要性。

- 我們也會讀一本叫做 *Just Like Me!* 的書。這本書講述人和動物有時會做類似的事情。貴子女會將一幅描寫書中情節的圖畫帶回家。請您叫貴子女用這幅圖畫以英語或您的母語複習這些資料。

此外，貴子女也會把一項關於健康和安全的活動帶回家。請抽空與貴子女一起進行這項家庭活動。以下是有關活動的指示：

家庭活動
怎樣保持健康和確保安全

指示：

1. 一起閱讀和談論表格所列的活動。
2. 在一天內，叫貴子女每次進行某項活動就打一個記號。
3. 協助貴子女將記號加起來。
4. 叫貴子女將表格剪下來，掛在冰箱上，慶祝工作順利完成！

敬上

Chè fanmi,

Klas nou an prè pou l kòmanse 7èm Inite nan liv *On Our Way to English*. Pitit ou an ap aprann bagay sou sekirite pèsonèl, ak abiman. Kèk mo nouvo pitit ou an pral aprann se *eat, exercise, food, healthy, helmet, safe, seat belt, sleep, soap, toothpaste, wash* epi *water*.

- Pitit ou an pral pote lakay li yon chante osijè plizyè fason timoun ka rete ansante. Pandan pitit ou an ap chante chante a, fè li montre w kijan pou leve chak pòch pouka montre diferan aktivite ki favorize lasante. Mande pitit ou an pou li eksplike poukisa chak aktivite enpòtan pouka rete ansante.

- Epitou klas nou an pral fè lekti yon liv yo rele *Just Like Me!* Liv lan pale sou jan moun ak zannimo pafwa konn fè menm bagay. Pitit ou an pral pote lakay li yon foto ki montre ki sa k ap pase nan liv lan. Mande pitit ou an pou li itilize foto an pou li revize enfòmasyon an an Anglè oswa nan lang natif natal ou.

Epi, pitit ou an pral pote lakay li yon aktivite osijè zafè lasante epi sekirite. Silvouplè pran tan pou fè Aktivite Lakay sa ansanm. Men enstriksyon yo jan yo parèt nan aktivite a :

Aktivite Lakay
Sa Mwen Fè Pou Rete Ansekirite epi Ansante

Enstriksyon :

1. Ansanm, fè lekti sou aktivite yo ki nan tablo a epi diskite sou yo.
2. Pandan tout yon jounen, fè pitit ou an trase yon mak pou chak fwa li fè yon aktivite.
3. Ede pitit ou an adisyone mak yo.
4. Fè pitit ou an dekoupe tablo an epi kroke l sou frijidè a pouka montre yon travay ki byen fèt.

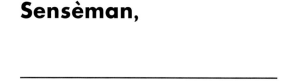

Sensèman,

_____

학부모님께,

저희 학급은 곧 *On Our Way to English* 제 7과를 시작할 예정입니다. 학생들은 개인의 안전 및 몸 청결에 대하여 배울 것입니다. 학생들이 배울 새 단어는 *eat, exercise, food, healthy, helmet, safe, seat belt, sleep, soap, toothpaste, wash, water* 등입니다.

- 학생들은 어린이들이 건강할 수 있는 방법에 대한 노래를 집으로 가져 갈 것입니다. 자녀가 노래를 하면서 종이 뚜껑을 열어서 여러 가지 건강한 활동들을 제대로 보여줄 수 있는지 확인해 주십시오. 자녀에게 왜 각각의 활동이 건강을 유지하는 데 중요한지 물어 보십시오.

- 저희 학급에서는 또한 *Just Like Me!*라는 이야기책을 읽을 것입니다. 이 책은 사람과 동물이 서로 어떤 비슷한 행동을 하는지에 관한 것입니다. 학생들은 책에서 일어났던 일을 보여주는 그림을 집으로 가져갈 것입니다. 가정에서는 자녀가 그림을 이용하여 책의 내용을 영어나 모국어로 이야기할 수 있게 지도해 주십시오.

또한, 건강과 안전에 관한 학습지를 집에 가져갈 것입니다. 학부모님은 시간을 내어 가정학습지를 자녀와 함께 하여 주십시오. 다음은 학습지 상에서 보실 수 있는 지침입니다.

가정학습지
안전하고 건강한 어린이

지침

1. 자녀와 함께 표에 나와 있는 활동들을 읽고 얘기를 나누어 보십 시오.
2. 하루 동안 자녀가 각각의 활동을 할 때 표시를 하게 하십시오.
3. 저녁에 자녀와 함께 앉아 표시한 것을 모두 더해 봅니다.
4. 잘 한 일에 대해서는 자녀에게 칭찬해 주시고 잘 한 부분을 잘 라내어 냉장고에 붙여 주십시오.

감사합니다.

_____

ជូនចំពោះគ្រួសារ,

ថ្នាក់រៀនរបស់យើងប្រុងប្រៀបចាប់ផ្ដើមរៀន វគ្គទី 7 នៃសៀវភៅ *On Our Way to English* ។ កូនរបស់អ្នកកំពុងរៀនអំពីសុវត្ថិភាពផ្ទាល់ខ្លួន និងការសំអិតសំអាង ។

ពាក្យថ្មីៗខ្លះដែលកូនរបស់អ្នកនឹងរៀនគឺដូចជាពាក្យ *eat, exercise, food, healthy, helmet, safe, seat belt, sleep, soap, toothpaste, wash* និង *water* ។

- កូនរបស់អ្នកនឹងនាំយកមកផ្ទះនូវចំរៀងមួយបទអំពីមធ្យោបាយដែលក្មេងៗអាចនៅឲ្យមានសុខភាពល្អ ។ ពេលកូនអ្នកច្រៀង ប្រាប់គេឲ្យបង្ហាញអ្នកនូវរបៀបលើកសន្ទះតម្របដើម្បីបង្ហាញនូវសកម្មភាពមានសុខភាពផ្សេងៗគ្នា ។ សួរកូនអ្នកឲ្យគេពន្យល់មូលហេតុ អ្វីបានជាសកម្មភាពទាំងឡាយមានសារៈសំខាន់ដើម្បីឲ្យនៅមានសុខភាព ។

- ថ្នាក់រៀនរបស់យើងក៏នឹងអានរឿងមួយដែលមានចំណងជើងថា *Just Like Me!* ។ សៀវភៅនេះនិយាយអំពីរបៀបមនុស្ស និងសត្វដែលជួនកាលខ្លះធ្វើអ្វីមួយស្រដៀងៗគ្នា ។ កូនរបស់អ្នកនឹងនាំយករូបភាពមួយទៅផ្ទះ ដែលបង្ហាញពីអ្នកដែលកើតឡើងនៅក្នុង សៀវភៅ ។ ប្រាប់កូនអ្នកឲ្យប្រើរូបភាព ដើម្បីពិពណ៌នាពត៌មានសារឲ្យវិញជាភាសាអង់គ្លេស ឬជាភាសាកំណើតរបស់អ្នក ។

ម្យ៉ាងទៀត កូនរបស់អ្នកនឹងនាំយកមកផ្ទះនូវសកម្មភាពមួយអំពីសុខភាព និងសុវត្ថិភាព ។ សូមធ្វើតពេលធ្វើសកម្មភាពតាមផ្ទះជាមួយគ្នា ។ គឺមានការណែនាំដូចដែលយើងឃើញមាននៅក្នុងសកម្មភាព៖

សកម្មភាពតាមផ្ទះ៖

តើខ្ញុំត្រូវធ្វើរបៀបណាឲ្យមានសុវត្ថិភាព និងសុខភាព

ការណែនាំ៖

1. ជាមួយគ្នា អាន និងពិភាក្សាអានូវសកម្មភាពដែលមានរាយនៅក្នុងតារាង ។
2. ពេញរយៈពេលមួយថ្ងៃ ប្រាប់ឲ្យកូនរបស់អ្នកគូសគំនូសគ្រប់ពេលវេលាដែលគេបានធ្វើសកម្មភាព ។
3. ជួយកូនអ្នកដាក់បន្ថែមនូវគំនូសទាំងនោះ ។
4. ប្រាប់ឲ្យកូនអ្នកកាត់តារាង ហើយបិទវាលើទូទឹកកកដើម្បីសរសើរគេដែលបានធ្វើការល្អ ។

ដោយក្ដីស្មោះស្ម័គ្រ

_____

Name_____

Home Activity
Memories About Me

Today I	How Many Times
brushed my teeth	
washed my hands	
exercised	
ate fruit or vegetables	
drank water	
played safely	
Total Number	

Directions:

1. Together, read and discuss the activities listed on the chart.
2. Throughout one day, have your child make a mark for each time he or she does each activity.
3. Help your child add up the marks.
4. Have your child cut out the chart and hang it on the refrigerator for a job well done!

Name _____

Home Activity
Just Like Me!

Me		Birds
	waking up	
	eating	
	getting ready	
	playing	
	going to sleep	

Dear Family,

Our class is ready to begin Unit 8 of *On Our Way to English*. Your child is learning about the Earth. Some new words that your child will learn are *city, desert, field, garbage, grass, mountain, ocean, plastic, recycle, river, rock, state,* and *tree.*

- Your child will bring home a song about Earth and natural objects. The song sheet comes with a set of cards showing natural landmarks. As your child sings the song, have him or her place each card on its matching picture. Ask your child to describe the land where you live.

- Our class will also read a story called *Tran and the Beautiful Tree.* The book is about a girl who saves a tree from being cut down. Your child will bring home a picture that shows what happens in the story. Ask your child to use the picture to retell the story in English or in your home language.

Also, your child will bring home an activity about people and nature. Please take the time to do this Home Activity together. These are the directions for the activity:

Home Activity
We Need Nature

Directions:

1. Have your child color and cut out the pictures. Ask what each picture shows.
2. Help your child to sort the pictures into two piles. The first pile should include pictures of things in nature. The second pile should include pictures of things made from nature.
3. Ask your child to use the pictures and other examples to explain how people depend on nature.

Sincerely,

Estimada familia:

Nuestra clase está lista para empezar la Unidad 8 de *On Our Way to English*. Su hijo o hija aprenderá sobre la Tierra. Algunas de las palabras nuevas que aprenderá son: *city, desert, field, garbage, grass, mountain, ocean, plastic, recycle, river, rock, state* y *tree*.

- Su hijo o hija llevará a casa una canción sobre la Tierra y los elementos naturales. La hoja de la canción viene con un paquete de tarjetas que muestran elementos naturales. Pida a su hijo o hija que cante la canción mientras coloca las tarjetas en la ilustración que les corresponde. Pídale que describa la región donde viven.

- Nuestra clase también leerá el libro *Tran and the Beautiful Tree*. Este libro trata de una niña que salva a un árbol al impedir que lo corten. Su hijo o hija llevará a casa una ilustración sobre lo que sucede en el cuento. Pídale que con ayuda de la ilustración le cuente el cuento en inglés o en su lengua materna.

Su hijo o hija también llevará a casa una actividad sobre la gente y la naturaleza. Por favor, dedique tiempo para realizar esta actividad junto con él o ella. Estas son las instrucciones que aparecen en la actividad:

Actividad para hacer en casa
Necesitamos a la naturaleza

Instrucciones:

1. Pida a su hijo o hija que recorte y coloree las ilustraciones. Pregúntele qué muestra cada una.
2. Pídale que acomode las tarjetas en dos montones. En el primer montón deben ir las cosas de la naturaleza y en el segundo, las cosas fabricadas con materiales de la naturaleza.
3. Pídale que use las ilustraciones y otros ejemplos para explicar cómo la gente depende de la naturaleza.

Atentamente,

Kính Gửi Phụ Huynh Học Sinh,

Lớp chúng tôi đã sẵn sàng bắt đầu Bài Số 8 của giáo trình *On Our Way to English*. Con của quý vị đang học về Trái Đất. Một số từ mới mà cháu sẽ học là *city, desert, field, garbage, grass, mountain, ocean, plastic, recycle, river, rock, state,* và *tree.*

- Con quý vị sẽ đem về nhà một bài hát nói về Trái Đất và những sự vật có trong tự nhiên. Đi kèm với tờ in lời bài hát là một bộ thẻ ghi một số địa dư. Khi cháu hát bài này, quý vị hãy yêu cầu cháu đặt mỗi tấm thẻ vào một bức tranh thích hợp. Hãy yêu cầu cháu miêu tả vùng đất quý vị đang sinh sống.

- Lớp chúng tôi cũng sẽ đọc một quyển sách có tên là *Tran and the Beautiful Tree*. Quyển sách kể chuyện một em gái đã cứu một cái cây khỏi bị đốn như thế nào. Con quý vị sẽ đem về nhà một bức tranh miêu tả diễn biến của câu chuyện. Quý vị hãy yêu cầu cháu dựa vào bức tranh để kể lại câu chuyện bằng tiếng Anh hoặc tiếng mẹ đẻ của mình.

Con quý vị cũng sẽ đem về một bài tập liên quan đến mối quan hệ giữa con người và thiên nhiên. Quý vị hãy giành chút thời gian để cùng làm Bài Tập Ở Nhà này với cháu. Các chỉ dẫn sau sẽ xuất hiện trên bài tập:

Bài Tập Ở Nhà
Chúng Ta Cần Thiên Nhiên

Chỉ Dẫn:

1. Quý vị hãy hướng dẫn cháu tô màu và cắt các bức tranh ra. Hỏi cháu xem mỗi bức tranh miêu tả gì.
2. Giúp cháu chia các bức tranh thành hai chồng: một chồng gồm các bức tranh miêu tả các sự vật tự nhiên và một chồng gồm các bức tranh miêu tả các vật được tạo ra từ nguyên liệu trong thiên nhiên.
3. Yêu cầu cháu dùng các bức tranh và ví dụ khác để giải thích tại sao con người lại lệ thuộc vào thiên nhiên.

Kính thư,

_____

Hawm txog Tsoom Niam Txiv,

Peb chav kawm npaj txhij los pib Nqe 8 ntawm *On Our Way to English*. Nej tus menyuam tabtom kawm txog Daim Niam Av. Tej cov lo lus tshiab uas nws yuav kawm yog *city, desert, field, garbage, grass, mountain, ocean, plastic, recycle, river, rock, state* thiab *tree*.

- Nej tus menyuam yuav nqa los tsev ib zaj nkauj txog Daim Niam Av thiab cov khoom nruab nras. Daim ntawv nkauj los nrog ib pob card qhia txog cov cim av nruab nras. Thaum nws hu zaj nkauj, hais kom nws tso txhua daim card saum lawv cov duab sib dhos. Hais kom nws piav txog daim av uas nws nyob.

- Peb chav kawm yuav nyeem ntxiv ib zaj dabneeg hu ua *Tran and the Beautiful Tree*. Phau ntawv teev txog ib tus ntxhais pab ib tsob ntoo kom tsis raug txiav. Nej tus menyuam yuav nqa los tsev ib daim duab qhia txog yam tshwmsim hauv zaj dabneeg. Hais kom nws siv daim duab los piav zaj dabneeg dua ua lus Aakiv lossis ua nej hom lus.

Thiab, nej tus menyuam yuav nqa los tsev ib yam dejnum txog tibneeg thiab nruab nras. Muab sijhawm los ua Tes Dejnum tom Tsev nov uake. Nov yog cov hau kev qhia ua tes dejnum:

Dejnum tom Tsev
Peb Timtsum Nruab Nras

Cov Hau Kev Qhia:

1. Kom nej tus menyuam rau xim thiab txiav cov duab tawm. Nug saib txhua daim duab qhia dabtsi.
2. Pab nws txheeb cov duab ua ob tshooj. Thawj tshooj yog duab khoom nruab nras. Tshooj ob yog duab khoom tsim los ntawm nruab nras.
3. Kom nws siv cov duab thiab lwm yam qauv los piav saib tibneeg vam txog nruab nras licas.

Ua tsaug ntau,

_____

親愛的家長：

我們即將開始學習 *On Our Way to English* 單元 8 的內容，教導貴子女認識地球。貴子女將會學到一些新字：*city, desert, field, garbage, grass, mountain, ocean, plastic, recycle, river, rock, state,* 和 *tree*。

- 貴子女會帶一首關於地球和天然事物的歌回家。歌詞會附帶一套顯示天然地標的卡片。當貴子女唱歌時，叫他 / 她將每張卡片放在相應的圖片上。叫貴子女形容您們所居住的土地。

- 我們也會讀一個叫做 *Tran and the Beautiful Tree* 的故事。這本書講述一個女孩怎樣保護一棵樹免被砍伐。貴子女會將一幅描寫故事情節的圖畫帶回家。請您叫貴子女用這幅圖畫以英語或您的母語複述故事。

此外，貴子女也會把一項關於人和自然的活動帶回家。請抽空與貴子女一起進行這項家庭活動。以下是有關活動的指示：

家庭活動
我們需要大自然

指示：

1. 叫貴子女為圖片塗上顏色並剪下來。問每張圖片表示什麼。
2. 協助貴子女將圖片分為兩堆。第一堆圖片應該包括自然的事物。第二堆圖片應該包括從大自然中所製造出來的事物。
3. 叫貴子女用這些圖片和其他例子說明人們怎樣倚賴大自然。

敬上

Chè fanmi,

Klas nou an prè pou l kòmanse 8èm Inite nan liv *On Our Way to English*. Pitit ou an ap aprann bagay sou planèt Tè. Kèk nouvo mo pitit ou an pral aprann se *city, desert, field, garbage, grass, mountain, ocean, plastic, recycle, river, rock, state* epi *tree*.

- Pitit ou an pral pote lakay li yon chante osijè planèt Tè epi bagay natirèl. Fèy ki gen chante genyen yon seri de kat ki montre zòn natirèl enpòtan. Pandan pitit ou an ap chante chante a, fè li mete chak kat sou foto ki koresponn a kat la. Mande pitit ou an pou li dekri zòn kote ou rete a.

- Epitou klas nou an pral fè lekti yon istwa yo rele *Tran and the Beautiful Tree*. Liv lan pale de yon ti fi ki sove yon pye bwa pou yo pa koupe l. Pitit ou an pral pote lakay li yon foto ki montre ki sa k ap pase nan istwa a. Mande pitit ou an pou li itilize foto an pou li rakonte istwa a ankò an anglè oswa nan lang natif natal ou.

Epi, pitit ou an pral pote lakay li yon aktivite osijè moun ak lanati. Silvouplè pran tan pou fè Aktivite Lakay sa ansanm. Men enstriksyon yo pou aktivite a :

Aktivite Lakay
Nou Bezwen Lanati

Enstriksyon :

1. Fè pitit ou an kolore epi dekoupe foto yo. Mande kisa chak foto montre.
2. Ede pitit ou an pou li ranje foto yo an de pil. Premye pil lan ta dwe enkli foto bagay ki nan lanati. Dezyèm pil lan ta dwe enkli foto bagay yo fè ki soti nan lanati.
3. Mande pitit ou an pou li itilize foto yo ak lòt egzanp pou eksplike kouman moun depann de lanati.

Sensèman,

학부모님께,

저희 학급은 곧 *On Our Way to English* 제 8과를 시작할 예정입니다. 학생들은 지구에 대하여 배울 것입니다. 학생들이 배울 새 단어는 *city, desert, field, garbage, grass, mountain, ocean, plastic, recycle, river, rock, state, tree* 등입니다.

- 학생들은 지구 및 자연 사물에 대한 노래를 집으로 가져갈 것입니다. 인쇄물과 함께 자연에 관한 몇 장의 카드를 나누어 줄 것입니다. 자녀가 노래를 하면서 각 카드를 맞는 그림 위에 놓게 하여 주십시오. 그리고, 자녀에게 지금 살고 있는 곳의 땅은 어떤지 얘기해 보도록 해 주십시오.

- 저희 학급에서는 또한 *Tran and the Beautiful Tree*라는 이야기책을 읽을 것입니다. 이 책은 벌목될 나무를 구한 소녀에 관한 것입니다. 학생들은 이야기책에서 일어났던 일을 보여주는 그림을 집으로 가져갈 것입니다. 가정에서는 자녀가 그림을 이용하여 책의 내용을 영어나 모국어로 다시 이야기할 수 있도록 지도해 주십시오.

또한, 사람과 자연에 관한 학습지를 집에 가져갈 것입니다. 학부모님은 시간을 내어 가정학습지를 자녀와 함께 하여 주십시오. 다음은 학습지 상에서 보실 수 있는 지침입니다.

가정학습지

우리는 자연이 필요해요

지침

1. 자녀에게 그림을 색칠한 후 가위로 오리도록 합니다. 그리고 각 그림에서 무엇을 볼 수 있는지 물어봐 주십시오.

2. 자녀가 그림들을 두 분류로 나누게 하십시오. 한 가지는 자연에 있는 사물에 관한 그림입니다. 다른 한 가지는 자연으로부터 만들어진 사물에 관한 그림입니다.

3. 자녀에게 왜 사람에게는 자연이 필요한지 즉, 사람들이 어떻게 자연에 의존하고 있는지를 그림이나 다른 예를 이용하여 설명하도록 지도해 주십시오.

감사합니다.

ជូនចំពោះគ្រួសារ,

ថ្នាក់រៀនរបស់យើងប្រុងប្រៀបចាប់ផ្តើមរៀន វគ្គទី 8 នៃសៀវភៅ *On Our Way to English* ។
កូនរបស់អ្នកកំពុងរៀនអំពីផែនដី ។ ពាក្យថ្មីៗខ្លះដែលកូនរបស់អ្នកនឹងរៀនគឺដូចជាពាក្យ *city, desert, field, garbage, grass, mountain, ocean, plastic, recycle, river, rock, state* និង *tree* ។

- កូនរបស់អ្នកនឹងនាំយកមកកផ្ទះនូវចំរៀងមួយបទអំពីផែនដី និងវត្ថុធម្មជាតិ ។
  ក្រដាសចំរៀងមានសន្ទឹកកាតមួយកញ្ចប់ បង្ហាញអំពីជីវិតធម្មជាតិសំខាន់ ។ ពេលកូនអ្នកច្រៀងចំរៀង
  ប្រាប់គេឲ្យដាក់សន្ទឹកកាតនៅលើរូបភាពដូចក្នុងកាតនោះ ។ ប្រាប់ឲ្យកូនអ្នកពិពណ៌នាអំពីជីវិតដែលគេរស់នៅ ។

- ថ្នាក់រៀនរបស់យើងក៏នឹងអានរឿងមួយដែលមានចំណងជើងថា *Tran and the Beautiful Tree* ។
  សៀវភៅនេះគឺអំពីក្មេងស្រី ម្នាក់ដែលសង្គ្រោះដើមឈើមួយដើមមិនឲ្យគេកាត់ផ្តួលបាន ។
  កូនរបស់អ្នកនឹងនាំយកមួយរូបភាពមួយទៅផ្ទះដែលបង្ហាញពីអ្វីដែល កើតឡើងនៅក្នុងរឿងនោះ ។ ប្រាប់កូន
  អ្នកឲ្យប្រើរូបភាព ដើម្បីនិយាយរឿងនោះឡើងវិញជាភាសាអង់គ្លេស ឬជាភាសាកំណើត របស់អ្នក ។

ម៉្យាងទៀត កូនរបស់អ្នកនឹងនាំយកមកផ្ទះនូវសកម្មភាពមួយអំពីមនុស្ស និងធម្មជាតិ ។
សូមឆ្លៀតពេលធ្វើសកម្មភាពតាមផ្ទះជាមួយគ្នា ។ គឺមានការណែនាំដូចដែលយើញមានទៅក្នុងសកម្មភាព:

សកម្មភាពតាមផ្ទះ:
យើងគ្រូវការធម្មជាតិ

ការណែនាំ៖

1. ឲ្យកូនអ្នកផាត់ពណ៌ ហើយកាត់រូបភាពនោះ ។ សួរអំពីតើរូបភាពនិមួយៗបង្ហាញពីអ្វី ។

2. ជួយកូនអ្នករៀបរូបភាពជាពីរគំនរផ្សេងគ្នា ។ គំនរមួយគួរមានរូបនៃរូបភាពនៃវត្ថុពីធម្មជាតិ ។
   គំនរទីពីរគួរមានរូបភាពអំពីវត្ថុដែលធ្វើពីធម្មជាតិ ។

3. ប្រាប់ឲ្យកូនអ្នកប្រើរូបភាព ហើយនិងកុំរុខទាហរណ៍
   ជីវទេឡើតដើម្បីពន្យល់អំពីរបៀបដែលមនុស្សពឹងផ្អែកលើធម្មជាតិ ។

ដោយក្ដីស្មោះស្ម័គ្រ

Name _____

Home Activity
We Need Nature

tree	**rock**	**corn plant**
sheep	**flower**	**sweater**
chair	**food**	**bricks**

Directions:

1. Have your child cut out and color the pictures. Ask what each picture shows.
2. Help your child sort the pictures into two piles. The first pile should include pictures of things in nature. The second pile should include pictures of things made from nature.
3. Ask your child to use the pictures to explain how people depend on nature.

Name_____

Home Activity
Tran and the Beautiful Tree